何建平 ● 著

# 走过

浙江工商大学出版社 | 杭州
ZHEJIANG GONGSHANG UNIVERSITY PRESS

图书在版编目(CIP)数据

走过 / 何建平著. — 杭州 ：浙江工商大学出版社，
2020.3
（新甬商丛书 / 曹云主编）
ISBN 978-7-5178-3391-8

Ⅰ．①走… Ⅱ．①何… Ⅲ．①散文集－中国－当代
Ⅳ．①I267

中国版本图书馆CIP数据核字(2019)第167685号

# 走过
ZOUGUO

何建平 著

**责任编辑** 唐慧慧 谭娟娟
**封面设计** 林朦朦
**责任印制** 包建辉
**出版发行** 浙江工商大学出版社
（杭州市教工路198号 邮政编码310012）
（E-mail：zjgsupress@163.com）
（网址：http://www.zjgsupress.com）
电话：0571-88904980，88831806（传真）
**排 版** 杭州彩地电脑图文有限公司
**印 刷** 杭州宏雅印刷有限公司
**开 本** 710mm×1000mm 1/16
**印 张** 78
**字 数** 1048千
**版 印 次** 2020年3月第1版 2020年3月第1次印刷
**书 号** ISBN 978-7-5178-3391-8
**定 价** 268.00元（全五册）

# 甬商：做知行合一的践行者

　　宁波素有"儒商摇篮""商贾之乡"之称，是一个历史悠久、人文荟萃、工商发达的港口城市。商贸的发展需要天时地利人和，更离不开文化的滋润。宁波发达的商业文明既得益于得天独厚的地理环境，更受益于人杰地灵的地域文化。明清以来，宁波有开全国风气之先的浙东文化，其中最有代表性和影响力的便是阳明心学。

　　王阳明是宁波余姚人，知行合一、"致良知"是他的主要论述。在王阳明思想的基础上，黄宗羲又提出了"经世致用"学说，加上早在南宋时期发端于浙东大地的永嘉学派提出"工商皆本"的思想，这些都极大丰富和拓展了浙东人民对经济社会发展规律的认知，为宁波商帮的兴起奠定了重要的文化基础，为江南经济社会发展提供了重要的思想资源。

　　无论是主体自觉、致内在良知的根本方法，还是知行合一的实修工夫，都在倡导自主进取、务实诚信的文化价值取向。而对于王阳明出生地的宁波，更是近水楼台先得月，向阳花木易为春。在知行合一思想的影响下，诞生于这片土地上的商人逐渐成长为一支极其特殊的商业力量——既有商人的创新冒险精神，又不失儒生的道德理想追求。可以说，知行合一既为甬商精神特质的形成提供了最直接的营养，也成为始终流淌在甬商血液中最重要的基因。这正是甬商绵延

300余年而不倒的关键所在。

300多年来，甬商代代传承。民谚曰：无宁不成市。有商贸繁荣之地，就有宁波人，就有甬商。明代末年至今，大批宁波人秉承知行合一的精神，怀着对美好未来的憧憬，从甬江口跨越杭州湾，从东海之滨驶向世界各地，背井离乡到万水千山的远方创业谋生。他们的身体力行不仅促进了各地的货物贸易，繁荣了当地经济，也把商业文明的种子撒向神州大地。300年来，甬商经历了从形成、崛起、辉煌，到转折、复兴、传承的历史轨迹，书写下六代甬商不一样的商帮传奇。

在中华人民共和国成立70年的岁月里，甬商作为促进宁波发展的重要力量，在各自领域勇于开拓，不断创新，为经济社会发展做出了巨大贡献，谱写了辉煌的时代篇章。改革开放40年是中国经济步入世界经济版图的40年，甬商从全球卖到全球买，为中国制造赢得了世界性的荣誉，并留下了独一无二的宁波印记。一批批民营企业在宁波崛起，一批批工商领袖在宁波诞生。在知行合一思想的激励下，他们践行经世致用、实干兴邦的历史传承，无论是300年、70年还是40年，一直在我国工商业发展中走在前列、勇立潮头，始终屹立在中国商界，并不断传承向前发展。

浙江省委副书记、宁波市委书记郑栅洁用四个"知"，即知行合一、知难而进、知书达礼、知恩图报，为宁波人和甬商画像。每一个宁波人，或许都能在"四知"中找到个体对于这个风云时代现实问题的思考答案，但对于甬商而言，"四知"恰恰是最能体现300余年甬商精神的内涵所在。甬商的家国情怀、创业创新一直是推动宁波发展的重要力量，是展现宁波风采的亮丽名片。在他们身上，我们看到了宁波独特的精神气质。甬商的"四知"精神，已然成为所有宁波人干在实处、走在前列、勇立潮头、永无止境的新坐标。

为了把知行合一思想在甬商身上的体现进行归纳和梳理，我们从2012年开始就不间断地编撰和出版新甬商系列丛书，目前已出版三辑共12本。在这一辑"新甬商丛书"中,我们聚焦"四知"精神,通过对甬商人物的观察采访,体会生动曲折的创业故事、商帮工作的感悟,来展现甬商作为"知行合一践行者"的风采,同时也将甬商精神和创业经验,通过图书的形式记录下来、传承下去,让年轻一代的甬商能够学习老一代甬商的创业精神,使甬商精神能够代代相传,发扬光大。

企业兴则国家兴,企业强则国家强。甬商以知行合一的实干精神,创造了许多商业传奇,造就了时代的风云变幻。站在新时代的起点,我们希望通过对甬商群像的描述,来记录作为"知行合一践行者"的甬商的不同侧面;让这些活生生的甬商人物的创业故事和背后的精神世界,来展现知行合一的独特魅力,以及甬商的情怀、坚韧和智慧。

是为序。

范 谊

宁波市甬商发展研究会会长

第十、十一届全国人大代表

第十二、十三、十四届宁波市政协副主席

# 相似的"走过"

　　我与建平走过的人生经历，不是一般的相似，而是"相当"的相似。我与建平是高中时期的同学，而且是同班同组同桌。如果当年丹城镇以县前街划分，我们都住在东边，两家住得相对比较近。我家住的地方老辈人都叫作衙门根，估计古时候离县衙不远，就像北京人说起皇城根儿，底气十足。我们那时候已经被叫作东街了。我家不远处有个百货公司，当年算是丹城镇里最豪华的商城了。那时丹城的集市热闹非凡，农历逢一、逢六街上就熙熙攘攘，甚至会堵得水泄不通。百货公司的西侧有一条小路可以通往小校场、大校场。顾名思义，那里是古时候练兵的场所，附近又有剧院和菜场。那时的大校场变成了广场，小校场变成了全镇唯一的灯光球场。那条小路我何止走过千百次。建平的家就在那条小路的边上，离灯光球场咫尺之遥。我与建平成为同学后，几次到建平家里做过客。记得建平的父亲比较严肃，不苟言笑，那时我就觉得他有一种领导气质。果不其然，从建平的回忆文章中得知建平的父亲是县木材加工厂的厂长。

　　我是通过微信收到建平《走过》的电子书稿的。今年清明时节，我和建平都回象山祭祖扫墓，我们相约到象山玉泉禅寺拜访惟慈长老。建平说起甬商研究会准备帮助他出版回忆文集《走过》，他说要请我作序。节后收到文稿，我急切地阅读起来。掩卷沉思，文稿清晰地勾勒出了我们这一代人的人生轨迹，我们的命运是与国家的命运民族的命运紧密相连的，回望来路，心潮起伏；朴实无华的文笔娓娓道来，如溪水般纯情流淌，特别是"老家的记忆"和"知青岁月"深深打动了我，洞开了我记忆的"时光隧道"，丹城的市井百态就像在上海世博会中国馆里看到的活动的清明上河图一样复活起来。建平笔下那些耳熟能详的丹城甚至象山半岛的名人，以及像篮球裁判"猫人"、麻家老太等人物，都在我的脑海里生动起来。我儿时的丹城确是一座有故事的小城。

　　建平曾是下乡知青，我也曾是下乡知青，建平在下乡期间当过乡村教师，我也当过乡村教师。而且，建平下乡的林海公社梅溪大队是我的外婆家。记得那时到外婆家去要翻过姚家山的一座小山岭，岭上有一大片毛竹，有时候四周无人，风吹影动，萧疏冷落，不觉就会加快脚步。我们兄弟姐妹一般逢年过节会到外婆家去做客，因为梅溪离丹城也就3000米左右，所以我们一般不会在外婆家过夜，也就对梅溪的情况不甚了解。我感叹于建平对梅溪山山水水竟如此熟悉，可见他对下乡地的有心有情。我还感叹于建平与房东阿婶一家的有情有义，同时也钩沉起我对往事的片段回忆。

　　我们是在1974年1月份高中毕业的，毕业后就像被遗忘一样，散落在社会的各个角落。我与几个玩伴一边经常一起游泳、打球，一边四处找活干，泥水小工、水库挖泥，甚至剪荞头做酱菜都干过。那时候有活干就是很高兴的事儿，手头就有了零花钱。后来由于社会上无业青年越来越多，活越来越难找了。经我提议，一天晚上，由我执笔并书写，我们几个玩伴连夜把一张请愿书贴到了当时丹城最为热闹的十字街口，题目借用了当时报纸上的一句话，叫"我们也有两只手，不在城里吃闲饭"，落款是部分青年，当时大家说好谁也不能说出去。可没过几天，大家几乎都知道是我写的了。我这才对"世上没有不透风的墙""两个人以上知道的事就不是秘密"这两句俗语有了切身的体会。也许是我们那份请愿书起到了一定的作用，从1975年初开始县里启动了新一轮下乡工作。建平排行老四，我排行老三，那时我一个哥哥已经下乡，一个哥哥安排了工作，轮到我不知何去何从。由于我很早就是高度近视，居委会干部也一直没有来动员我下乡，但也明确告知当时要分配工作是不可能的，只能待业。我父母并不希望我下乡，他们早就把户口本藏了起来。我自己一方面觉得我是请愿书的始作俑者理应积极要求下乡，另一方面我不愿意继续在家里无所事事，所以翻箱倒柜找出了户口本通过居委会报了名。1975年4月25日我来到马岙公社上马岙大队第七生产队当了下乡知青，开始了一段艰苦岁月。最刻骨铭心的是第一年"双抢"，那真是披星戴月，收工后回到住所，往往喝几口冷水吃一点冷饭倒头便睡。几天下来人就瘦了一圈。我就自己在生产队里找了一个搭伙户，总算能够吃上一口热饭了。我那位搭伙户的阿姆对我超过像亲儿子般的无微不至，使我至今萦怀。与建平一样，我为大多数中国农民的朴实感念不已。这是千百年儒家思想、乡贤文化的业授示范和口口相传的结果。我不想在这里对当年的知青运动做出我个人的评判。那是特殊年代一项特殊的运动，我觉得个人就像是一粒沙子在大潮的裹挟下，向前移动。可以肯定的是，我三个整年的下乡生活，与建平一样，在我的一生留下了不可磨灭的印记。阅看建平对知青岁月的长段"抒情"，我有一种莫名的激动，我们都苦了心志劳了筋骨，虽无降大任于己，却使我们有了面对挫折而能够坦然应对的心理基因。

　　真的感谢建平，是他的《走过》，让我对走过的岁月也留下了这段感言。

　　是为序。

蒋学基

浙江省委统战部原副部长

浙江省社会主义学院原书记

目　录
Contents

## 第一辑

# 老家的记忆

谨以此文感谢老家所有给予
我和我家帮助的亲朋好友！
幷与在老家有共同生活经历
的人们分享。

# 老家的记忆

丹城是我的老家。周末，回去看父亲母亲。父亲已经九十出头，母亲也已近九十。前几年二老的原住房被拆迁，从丹城老城区搬到欢乐家园后，便很少再去丹城老街。午觉醒来没什么事，就想陪二老到丹城老城区去转转。母亲不想动，我就扶父亲上车前去。

现在的欢乐家园位于丹城与松兰山之间的赤坎、寨里处，以前从丹城出发走走要个把钟头，好像蛮远了。现在公交车线路顺畅，交通方便，再说自己驾车，油门一踩，几分钟就到了城区。

来到我家以前住过的几处老屋转了转，勾起了我对老家及老屋一些往事的回忆。

## 花宅门

1957年8月我出生在丹城羊行街周家庭院。当时，除了6岁的大姐，中间还有二姐和我哥。母亲在家料理家务，全靠在木工厂上班的父亲一个人的工资养家糊口。我家一直没有自己的房子，当时居住主要靠租房解决。所以，一般租期一到，总是要搬迁。

听姐姐们说，我只在羊行街周家庭院待到两岁左右，我家就搬到了西门头花宅门附近的刘家彩香姨娘家。我儿时的记忆也是从那里开始的。当时由于年幼，好多的记忆都是懵懵懂懂、零零碎碎的。

比较有印象的是离我家往东百来米处，路边放有一块一米多长的大青石，住在附近的人们平时经常坐在上面晒晒太阳、乘乘风凉聊聊天。可能是有些年代了，石头表面已磨得锃亮光滑，所以大家都称之为"滑石头"。在那个儿童游乐资源极其匮乏的年代，我们一些玩伴常常在滑石头跳上跳下、滑上滑下，当时的感觉，绝不亚于现在小孩在游乐场坐滑梯所感受到的乐趣。

还记得在我们屋前朝南菜园子的围墙外，有个露天的大口吃水井，大家都称其为"大凹井"。说是井，其实更像是口Ω型的大水塘，面积有近半个篮球场大小，井的圆弧处还有高出地面半人的用石条石块铺砌而成的井栏。尤其是从地面走到舀水处的台阶，铺的都是凿刻精致的大石条。"大凹井"水深且清澈。

平时我随两个姐姐去"大凹井"抬水，看见水中有许多鱼儿在游来游去，不禁使我萌生了捕钓的念头。记得在我六七岁那年的一天，我准备了一条小竹细，扯了一段棉纱线，用一枚大头针拗弯后权作钓钩。结果钓了老半天，拇指大的鱼倒没钓几条，却被母亲知道了，夜里上床前光着屁股被打了一顿。因为此前不久，当时才八九的我哥，在一次挑着小挈桶去花宅门后头院子里的小水井挑水时，曾不慎掉入水中。也幸亏井小，求生的本能使他自己用双手撑着井圈才爬了上来。所以，母亲是怕我们出危险才特意教训教训我。

住在西门的时候，正好赶上特殊时期。那时的我由于年幼不太记得，但姐姐哥哥们当时都在十岁上下，正是长身体的时候。当年饿肚皮的情景给他们留下了深刻的印象。由于吃不饱，每次还没到吃饭时间，大家就饿得发慌。有一次为了想早点能吃上饭，不知是哪个姐姐、哥哥竟打起了时钟的主意，在离吃中饭还有很长辰光时，偷偷地将家里的自鸣钟拨到了能够吃饭的11点半，这样以为辰光到了就可以吃饭了。但殊不知没有父亲11点半下班回家，肯定是吃不上饭的。

还有一次当时才六七岁的我哥饿得实在不行，看到家里食罩盖下有一碗咸虾仔酱便大口就吃。要晓得咸虾仔酱咸得如同卤汁，平时当下饭菜时，筷柱头蘸一点点就咸得要命。几口咸虾仔酱落肚后，我哥马上就又呕又痛得不行，后来没落下毛病实在算是运道好。可见那时几乎每日吃不饱饭是多么的痛苦。

记得我家那时有只朱红色木饭桶，饭桶外表面的红漆多年来仍保存得基本完好，但饭桶的内壁却被刮擦得斑驳陆离。我曾听母亲说起过那时从大食堂打来饭粥，为了尽可能地舀尽里面的饭粥，总是刮了又刮，谁也不舍得留落一粒米饭和一滴粥汤。

每每一家人回忆起那个年代的这些情景，大家的心里总会产生阵阵的酸楚。

1962年，我的弟弟在花宅门出生。1964年我在花宅门附近的秧田头学堂上了小学，我在那里度过了大半个童年。年幼的记忆大部分是懵懂的，比如花宅门旁满是小石子的小墙弄里的荫子地，是夏天里大姐领着我们去避暑的好地方。姐姐哥哥们一边在用一块小方板搭成的桌子上做作业，一边悠然自在地摇着芭蕉扇乘着风凉。午觉醒来，有时还能吃上一块按人均分切成的黄金瓜。

那时像我家的这种经济条件，小孩子们是很少有闲食吃的。一年到头偶尔几次母亲给我们小糖吃，也总是把当时一分钱一粒拇指甲般大小的硬小糖，用牙咬成两块后，给我们哥俩一人一半分着吃。正是这种如同润喉片似的一分钱一粒的半块小糖的味道，给我的童年留下了一些甜蜜的回忆。

## 调羹河

大约在我上小学后不久，我家第一次搬进了政府分配租赁的新公房。它位于北门西澄河北面、县政府后面人武部县中队所在地的西大门对面，一个当时叫调羹河的地方。一个大院内，坐北朝南的一排主楼是砖混结构的四层楼房，供各家各户住宿。东西两边的厢房是当时普通的砖石结构房子，作为各家的灶间用。院子的西首有一口公用水井，是供院内全体住户的主要水源。房间到灶间之间至少要走几十米，不太方便。这样的安排若搁现在非得被老百姓骂死不可，但这在当年大家根本不会有太多的计较。在我的印象中这是县里新造的也是最早供居民居住的砖混结构房子。记得主楼中我家分得的是二层一南一北两间，灶间是东厢房的南头第二间。

当时能够住上水门汀的新房子，这对于我们这样的普通老百姓来说，无疑是高兴得不得了的事情。可是，高兴劲没热乎多久，大概只住了三个月左右，我们就搬离了那里。原因之一是我母亲觉得住在那里比较偏远，到菜场买些便宜货等方面也不是很方便，换就换吧。于是稍稍经过了一番讨价还价之后，我们就搬到了县政府前面的县前街公房。

由于调羹河新公房住的时间不长，在那里除了新房子散发出来的石灰味之外，也没有给我留下其他太多的记忆。

## 县前街

搬到县前街大概是在1965年初前后。两间临街的坐东朝西的普通平房，大小差不多，都在20平米不到些。房间隔成前后间，父母带着弟弟睡前半间正房，后半间搭两张小床供我们4个兄弟姐妹睡。临街的窗檐下还有一排三四十公分高的檐阶石。灶间后门外有个小院子，搭个厕所，放些杂物。一家7口住这样不到40平方米的房子，放在现今是不可想象的事情。但在当时，这样的居住条件也算比上不足比下有余了。

刚搬进去时我还记得小娘舅特意从东乡黄避岙大林赶来，在灶间的沿街檐阶头卷起过膝的裤脚腿，踩踏着黄泥和着干稻草帮着打的灶头。

住在县前街时我已经10来岁，放学回家后，除了玩耍，也开始被指派帮着做一些家务活了，主要是跟着姐姐哥哥们一起去抬水。记得我家当时生活用的水源，较近的是南边六七十米处银行对面的一个庭院和四五十米外街斜对面的林家庭院内的这两口水井。但它们都处在人家的庭院里面，经常进出总不太方便。再说取水时总难免会洒出点弄湿地面，尤其是遇到旱天时节用水紧张，碰到里面难弄的人家，还要被说闲话。所以大部分用水还是与姐姐哥哥到北门行宫饮水库流淌下来的凤跃溪溪坑里去抬。

那时一家七口，日常的用水量可想而知，抬水差不多是我们几个姊妹兄弟每天的规定任务。我家到北门行宫凤跃溪溪坑大约有两三百米，那时候给我的感觉真的好远。尤其是我年纪尚小，个头力气也小，抬水时无论是哪个姐姐哥哥与我搭档，总是将绳套尽量往他们自己那边勒，以减轻我肩胛头的分量，但我每每还是感到很吃力。抬水途中，总是不断央求他们让我歇上又歇。

## 汤家弄

大概在1967年，县里要在包括我家在内的地皮上新建县邮电局，我家被拆迁重新安排公房。由于县前街房子的地段好，母亲不舍得搬，提出以后的房子地段也要安排得好一点。当时房管部门还算通情达理，叫母亲自己去寻寻有否合适的地方，结果母亲看中了小校场北边的老民警队大院内的一块空地，此处出入方便，朝南，又刚好可以造和原来县前街住的面积相仿的房子。于是，房管部门就将我们县前街房子拆下来的材料，重新搭建到了那里。由于县前街老房子的拆迁和小校场新房子的搭建均尚需时日，为此我们租了汤家弄周家庭院正香姨娘家里的两间小屋暂时过渡。

当时庭院对面正巧住着一个姓刘的我的同班同学，亦使我每天往返到丹小上学回家，路上有了个小伙伴。

住在那里给我的唯一印象就是"挤"。除了灶间外，全家七口就挤在一间十五平方米左右的小房间里，阴暗潮湿，密不透风。好在辰光不长，大概两个月之后，小校场的房子搭好了，我们就搬了过去。

## 小校场

1967年我们搬到了小校场。我在那里度过了整个少年时光。高中毕业后，1975年到梅溪插队两年，1977年底招工到宁波工作。之后，虽然不再长年在此居住，但我的父母亲一直住到前几年才搬迁到欢乐家园。屈指一算，我家在小校场整整住了将近半个世纪。为此，小校场的老屋留给了我太多太多的记忆。

　　小校场房子的材料都是县前街老房子拆过来的，几乎是原封不动地重新搭建，唯一的变化就是根据母亲的要求将正房七八十公分宽的屋檐阶改成了室内面积。因为那时考虑到，我们几个姊妹兄弟都大了。两位姐姐已经十六七岁，我和哥哥也已十岁出头。而且，随着我们长大，也需添置一些橱柜等家具。如不这样改动，使房子多出两三平方米，前半间摆落家具和大眠床后，后半间就很难搭下两张小眠床。在以后的岁月里，母亲总是经常提及这些，诉说当年她持家的劳心。后来不久，六七岁的弟弟也不能老跟父亲母亲一起睡了，于是在灶间的南首窗户旁又搭了一张小眠床。大概过了两三年，我家又分到了庭院对面一间十来平方米的小房间。这样，我家的居住条件才稍微好了一些。

　　当时我家后面弄堂及附近庭院里，住着许多上进殿大队的农业户，其中有几个与我年龄相仿的十一二岁的男孩是队里的放牛娃。搬来不久，我就与他们混熟了。尤其是暑假期间，经常跑出去和他们一起玩。

　　有两件事给我的印象较深。一是跟他们学会了游泳。记得小时候父亲母亲是一直不许我们去游泳的，但那时在几个兄弟姐妹中，我相对顽皮些。当时又是贪玩的年龄，所以，暑假里我经常背着家里偷偷溜出去，和这些放牛娃在城南的校场河里学游泳。

　　记得刚开始，我每次游泳后回家，也不知道为什么总会被母亲晓得，不仅会被骂，甚至还会挨几下打。后来几个放牛娃告诉我，河里泡了半日上岸后，背脊及手臂经太阳一晒，皮肤就会变得乌光锃亮、滴滴滑滑，手指甲在皮肤上一划，就会有一道淡白色的明显痕迹，这就是大人们判断小孩子有没有到河里游过水的土办法。后来他们向我传授了一个秘诀，就是在每次游泳上岸后，跑动一段辰光出身汗，就可以破解这个土办法了。于是我就依法效仿，结果屡试不爽。日子久了，母亲也听别人讲我在河里已经像水老鼠一样活络了，也就睁只眼闭只眼不管我去不去游泳的事了。

二是记得这些放牛娃的放牛地点一般都在塔山及东谷湖周边的山坳里。有几次他们放牛我也跟了去，在他们放牛之余，就跳到东谷湖里游泳一番。会游后胆子大了还会爬到离水面大约有六七米高的水库闸门顶上去跳水。

印象更深刻的是，这些放牛娃还经常趁管山人不备，摘些生产队栽种的桃子和梨子尝尝。甚至还会到生产队的地里或人家的自留地里去弄些番薯、土豆和南瓜等，烤熟后当野餐点心。当时这种行为在他们心里，可能如同鲁迅先生描写阿Q窃书不算偷的心理差不多。再说一直未被当场抓住，主人家不用猜也晓得肯定是这帮放牛娃所为，碰到他们后问上几句，总是被他们赖掉。就是被人家发现，也不过就是被骂上几句而已。有的拿他们没办法，为了以后少受些损失，甚至还要向他们讲好话，让他们以后少光临自己的地里。

但有一次我却闯了祸。平时这些放牛娃一般把他们弄来的东西放在地上挖个坑烤来吃。那天见我在，想换个花样，就怂恿我从家里偷偷拿出一只崭新的铝锅烧着吃。结果把一个锃光锃亮的铝锅烧得漆黑，虽然用沙子擦了又擦，但效果可想而知。我晓得回去肯定免不了要挨母亲的一顿打，所以一路上总是忐忑不安。回家后，我把铝锅偷偷地塞在了碗具柜子底下，但还是被母亲发现了。母亲一猜就晓得肯定是我所为，我只得从实而招，结果被母亲结结实实地打了一顿。因为，烧坏铝锅是小事情，而跟着这帮放牛娃学坏则是大事体。从此以后，我就不敢再和这帮放牛娃在一道了。

刚搬到小校场，平时只放《红灯记》等几部样板戏电影，原先的象山越剧团也改成了象山海防文工团，一年到头演的也是样板戏。所以耳濡目染，我能把《红灯记》《沙家浜》等几部样板戏的台词和唱腔几乎一字不落地背唱出来。那时隔壁刚好住的是一位从县前街一起搬过来的赖叔叔，当时在文宣部门工作，平日里他见我经常鹦鹉学舌般地把几部样板戏学唱得有模有样的，有一天居然带上我到书院旁边的象山海防文工团去试着表演了一番，想把我推荐到剧团去当演员。也不晓得什么原因，最后还是不了了之了。

在小校场居住期间，我上完了小学直至高中毕业。记得当时中小学的学费也就是两三块、四五块钱，而且根据当时的政策，像我们这样家庭条件的学生还可以部分减免。那时候，特别是在我们五个兄弟姐妹一起都在上学的这段时间里，这些书学费的支出，确实给家里增添了不小的负担。那时，除了父亲每月五十来块的工资，母亲还阶段性地到父亲单位里去做做家属工，赚点工钱以补贴家用。但家里的经济负担还是比较重。所以，即便是经减免后要缴的那部分学费，我们也经常不能按时交付。那时候，每每听到班主任老师在讲台上催念拖欠学费的学生名单时，感觉真是既尴尬又辛酸。

二十世纪六十年代初，政府给我们城镇居民户也分了点自留地。我家的自留地在西谷湖边老电厂后面的半山腰，大概两三分地左右，也就是大半个篮球场的面积。每年我们都会种上土豆和番薯或高粱，添加些杂粮和地头货，从而减轻点家里的经济压力。为此，一年到头，我们几个兄弟姐妹在周末和暑假里总是要经常到地里去劳作。有些活大人做做不算什么，但对我们这些才十岁出头的小孩子来说就比较吃力。其中甩甩番薯藤，摘摘番薯叶，掏掏土豆这些还好，最吃力的是抬"脚水"（粪水）。那个年代，种农作物很少用化肥，就是有，也买不起，所以施肥都是靠粪料。

小校场到西谷湖边的老电厂，就有三四里，再爬到半山腰我家的自留地，起码有四五里路。而番薯的种植和生长期都是在整个夏季，顶着炎日，肩上抬着粪水，有时候还是赤脚抬，要走那么远的路，还要爬山。所以，在每趟抬粪水的路途之中，汗流浃背的我们几个兄弟姐妹的脸上，总是挂着龇牙咧嘴的痛苦表情。这些对我们这样年龄段的孩子来说，吃力吃苦的程度可想而知。

那时的我，正好是贪玩的年龄。平时一边盼望星期六、星期日早点到，早点放暑假，到时可以不读书去玩了。但一边又想到休息日却要吃这样的苦头，就巴不得不放假。另外，种庄稼，一般总是希望收成好一点。但对于番薯，有时候我跟着姐姐哥哥在地里劳作时，经常会有一种矛盾的心态。想到母亲做的特别好吃的芝麻番薯糕干，就希望番薯能长得大点、收得多些；但想到那时每家去粮站用粮票买米，还要按比例搭番薯，再加上自家种的这些，长年到头要吃番薯粥、番丝饭，心里就想宁可番薯长得小点、收得少些。

这种矛盾心态也只有经过我们那个年代的人方能理解。有一次与外甥女说起这段往事时，她竟然问了自留地为什么不能分得近一点，粪水为什么不能在离地近一点的地方取，要这么远路抬过去，买米为什么一定要搭番薯等一连串的N个为什么。可见，这些事情对现在的年轻人来说，无疑是天方夜谭。

但有些边玩边能给家里带来收益的事情也是我们喜欢做的。比如暑假在西谷湖里，一边戏水，一边摸上满满一脸盆的螺蛳带回家当下饭菜。周末放假，跟着阿哥到大河岸，新桥头、应家夹、龙潭夹等地去钓鱼，半天落来，也总能钓到几碗河鲫鱼。记得在暑假里，我经常跟阿哥到还没插上秧的水稻田里去捉泥鳅，一角一斤卖给收购站。记得有一年捉来泥鳅卖了有两三块钱后，阿哥买了一件当时夏天穿着很潮的棉质蓝背心。

丹城的大小校场都坐落在城中心偏南处。二十世纪七十年代前后，当时的丹城小校场已经是体育锻炼的运动场所。我家搬到小校场时，它还是一片泥土地，只装着两只简陋斑驳的木头篮球架子。平时主要是附近上进殿大队农民用它作晒谷场，再是一些喜欢打篮球的小伙子到这里打打篮球。我家离小校场只有五十来米，刚搬来时我年纪还小，经常会与隔壁邻舍的小玩伴在小校场里面打打弹珠。

大概是在我家搬来不久，县里对小校场的活动设施进行了改造，四周砌上了围墙，地面浇上了水泥地，东西两面也设置了阶梯式水泥看台，还安装了照明设备，成了稍有名气的"灯光球场"。应该说，它在当时是县里少有的相对现代化的体育活动设施。记得，当时灯光篮球场落成的那天，还是我父亲利用晚上业余时间亲手安装的木头篮球板。在我的记忆里，这也是父亲做的唯一与体育活动沾边的一件事情。

　　小校场自从建成了灯光球场后，平时也开始热闹起来了。那个年代的主要体育活动除了乒乓球，也就是篮球了。阿哥平时比较喜欢打篮球，且由于我家离小校场较近，有一段时间，体委的人员还把控制灯光开关盒子的钥匙交给阿哥保管，这样，晚上打球就更方便了。在我上中学后，吃过晚饭，多数时间也总是泡在小校场打篮球，直到晚上八九点钟，甚至更晚。平时打球的人不是太多时，大多是自发地两三个人凑成一方打打半场。这种打法，虽然不能组织起全场的技战术，但对提高半场的进攻与防守意识及水平，特别是掌握篮下的技术动作，还是有很大帮助的。

　　灯光球场建成后，丹城掀起了一股篮球热。当时丹城镇各大队的农民也组织了篮球队。特别是西门大队的一帮后生，在丹小教体育的沈老师的指导下，讲究起中锋、前锋、后卫的位置及技战术安排等篮球技术，打起球来也有点有模有样了，在当时丹城的几个生产大队中算是比较出名的一支农民篮球队。

　　让我印象较深的还有当时从宁波调到象山体委工作的沃老师，此人的球技比较出众，尤其是他的过人切进技术动作，在场上简直就是如入无人之境。后来他调回了宁波，刚好我们住在同一个小区。前些年，我单位的一帮后生为参加市里的篮球赛，临时抱佛脚，我还专门请沃老师为他们作了一番指导。

　　但在小校场的篮球场上，留给我印象最深的则是一位姓单的裁判员。此人当时约40来岁，身高大约一米七五左右，长得瘦骨伶仃，背脊稍有点驼，他还有个不知是绰号还是昵称的名号叫"猫人"。因为他是丹城市场部门的管理员，平时接触面比较广，所以，全丹城老少妇孺对"猫人"几乎无人不晓。平时除了在他执哨的比赛间隙偶尔看到他的"三大步"上篮之外，几乎很少看到过他作为球员上场参加过比赛。

"猫人"做裁判，首先给大家的感觉是比较公正，执裁时不偏不倚。再说"猫人"在市场管理部门工作，市场管理部门在老百姓的心目中就是公平买卖的象征。所以无论是他在场上担任主裁，还是担任整个比赛活动的裁判长，不管大家有多大的争议，只要他出面调停，总能摆平。

其次，"猫人"的裁判水平比较高，据说当时他还是我们县里唯一的一个业余三级篮球裁判。县里的一些重大篮球比赛活动，总能看到他活跃的身影。执哨时，他的跑位与哨声，准确、及时、到位，他观察仔细，反应灵敏。只要他的哨音一落，大家都能服服帖帖地服从他的判罚。

"猫人"的最大特点也是给大家留下的最深印象是他在执裁时的肢体动作。对两次运球、走路、阻挡、带球冲撞等各种犯规判罚动作，不但标准、规范、到位，而且还有略带夸张搞笑的表演成分。尤其是在每次吹三秒违例时，总是先稍弯着腰、身体略微前倾，右手向前平伸，大拇指、食指和无名指分叉，随着他吹出的由弱渐强、再由强转弱、音节长度刚好像是三秒的哨音，其整个身子慢慢伸直，右手也完成了从左到右近一米距离的移动，最后往胸口一收，整个动作一气呵成。大家看他的这种略有夸张的诙谐表演，就像是在欣赏电视小品《主角和配角》中陈佩斯的表演差不多。所以，一场比赛下来，大家往往对哪个球队、哪个主力队员的技术和表现都不曾太有关注，而这位裁判员"猫人"却俨然成了最吸引观众眼球的球场上的主角。

由于小校场的经历，篮球也渐渐成了我喜爱的一项运动。后来到宁波参加工作后，也经常参加单位组织的篮球赛，三十岁前后还作为单位的球员参加过几次宁波市属厂矿企业的篮球比赛。更为有趣的是，年轻时我还受"猫人"的影响，考取过篮球业余三级裁判的派司。在基层单位篮球比赛中当当裁判，尤其是在效仿"猫人"吹三秒违例的判罚动作时，也总会赢得场里场外的阵阵笑声。

直到二十世纪八九十年代，县里还经常在小校场举行各种级别的篮球赛。尤其在春节期间，体委总是会在小校场组织几次篮球友谊赛。回家过年时，还经常看到我们高中同届的同学大阿三、小阿三、老卢、卫峰等几个篮球健将被邀请参加比赛，在球场上过过瘾头、露露身手。有时还能看到"猫人"仍活跃在球场上，乐此不疲地做着裁判。有一次看到与我同在宁波工作，回家过年的高中同班同学建达，站在看台上，在有几个同学参加的球赛中，为了几个有争议的判罚表现出极度的不满，那种戴着高度近视眼镜，脖子上挂着过腰的围巾，一副慷慨激昂的派头，就像是在电影、电视剧中民国时期的大学教授在街头痛斥时弊、大声疾呼的样子，看起来真是令人忍俊不禁。

大概在二十世纪九十年代中末期，东门头东谷湖脚下建造了新的体育场，小校场也被改建成了县总工会大楼和工人文化宫。从此，曾经闻名遐迩的"灯光球场"也随着岁月的变迁，在大家的印象中渐行渐远。

小校场南边紧挨的是大校场，所以也叫南校场，就是后来丹城公园所处的位置，当时面积大概有万把平方米，且大部分已经浇上了水泥地。大校场当时在我们小孩子的眼里，已经是一个很宽敞的广场了。那时晚上到大校场乘凉，经常会有人在玩自行车，一会儿玩单脱手，一会儿玩双脱手，有的还骑着车在晾晒火腿的木架子下转进转出。经常会引得大家驻足观看，并赞叹不已。其实这种把戏，现在只要是会骑自行车的人几乎个个都会。但那时候，连丹城到乡下送信的邮递员都是靠双脚走的，能骑上自行车送信还是很后面的事情。当时全丹城的自行车加起来估计也不会超过现在全丹城的奔驰宝马车。所以每每看到这种情势，大家都会感到很惊叹，就仿佛是在欣赏一场技艺高超的杂技表演。换作现在，就是大校场有人在开飞机，也不会有当时的那种吸引力和惊奇程度。

当时的大校场功能还有很多。如双抢及秋收时节，它是南门、五丰、上进殿等几个邻近生产大队的晒谷场。平时的大校场里，经常能看到一排排的木架子上晾晒着腌制过的火腿，满地堆晒着皮革厂加工用的猪皮和副食品店收购来的泥鳅、黄鳝等。当时尽管这些东西都是露天堆放，也没见到有专人看管，但未曾闻有发生缺失现象。如搁现在，早上晒出，到夜快能有一半收回已经是非常好了。再说就算是每只火腿旁站上一个保安，可能也难免被人家拿走。

　　每到丹城农历逢一、六的集市，尽管那个时期物资匮乏，但方圆二三十里范围内的相邻乡亲会从四面八方赶来，带着自家种植、养殖的各式各样以农副产品为主的各类物品，到集市出售换点零用钱。小到芝麻绿豆、鸡鸭鱼蛋，大到猪羊等家畜，各种家具，包括生产队里耕牛的变卖都在这里交易。市日那天的大校场，从西南面的老车站、汪家河的马路边，到东北角老粮站与老剧场之间的空场地，整个大校场熙熙攘攘，人头攒动。人群的吆喝声、家禽家畜的嘶鸣声，此起彼伏，接连不断，场面甚为壮观。这样的场面，记得当时除了那个业余篮球裁判员"猫人"只带着两三位手臂戴着红袖章的市场管理人员挨摊收取几分钞票的管理费外，再无有其他的秩序维持人员。同样，换现在这样的场面，县政府可能还要成立专门的活动领导小组，不知要开几次协调会，到了这天全丹城的民警恐怕还要倾巢而出到大校场去维持秩序。现在想想，那时候的坏胚子咋会这么少？当时的民风之实惠、秩序之井然，也是很值得现在的社会各界去反思一番的。

　　在小校场居住期间，我们几个兄弟姐妹在那里长大，我家的生活也随之经历了很大的变化。

　　大姐年轻时的生活经历，自然在我们几个兄弟姐妹中相对要艰辛些。先是初中毕业就开始到建造县招待所的工地里去挑砖头做小工。还到白墩码头边的山上敲石子，寒冬腊月住在四面透风的工棚里，除了在工地食堂里蒸的米饭之外，吃的下饭菜仅仅是家里隔几天带去一瓶的咸带鱼或是咸菜黄豆芽。有一次母亲叫我给大姐去送下饭菜，走了将近20里路。找到大姐时，看到她穿着一件碎花小棉袄，顶着寒风，冒着雪花，在半山腰上敲着小石子。1969年大姐下放到南门大队劳动，双抢日子，每每能看到她回家时还来不及扯掉的叮在腿上的蚂蟥。这些画面至今还深深地印在我的脑海里。后来，她到偏远的晓塘公社的小学里去代课，备受蚊子等各种飞虫的叮咬之苦。1974年，大姐被推荐到杭州外国语学校读书。毕业后分配到象山中学任教，仍回小校场老家居住，直至成家后住到了象山中学教师宿舍。

二姐小学毕业就辍学，开始帮着家里干家务。有时还替人家带小孩，一个月赚几块钱补贴家用。后来到汽配厂工作开始上三班。特别是在寒冬季节的雨雪天下中班和上深夜班，在半夜里黑咕隆咚地要走三四里路，而且单位又是在偏远的西门外，这些对一个姑娘家来说都是很吃不消的事情。二姐在1976年出嫁后住到了樟木井婆家。

我的阿哥初中毕业后，1970年分配到金华建筑公司做木工，不到16周岁就离开了家，开始独自料理生活。搁现在城里这样的年纪，还是个在父母亲跟前撒娇的孩子。而当时能不用吃上山下乡的苦头，分配到国营单位工作，已经算是天上掉馅饼非常幸运的事情了。后来在单位的一次工伤事故中，他的右手严重受伤，1975年调回象山到液压元件厂工作。1982年结婚后离开小校场住到了西谷湖边的液压元件厂家属宿舍。

我在1974年高中毕业，那时候的政策，不管家里有几个子女，父母亲身边只能留一个子女安排工作。由于当时我家兄弟姐妹中已有人在丹城单位安排工作了，我下乡无疑是铁板钉钉的事情。在等待下乡的这段时间里，我先后跟了一个远房亲戚和父亲的师兄弟学做过一段时间的木匠，一个月赚十几块钱。1975年9月，我到梅溪插队。1977年底，招工到宁波工作，一直在宁波工作生活。

我和阿哥都是二十世纪八十年代初期先后在小校场家里办的结婚酒席。

搬到小校场时，我弟弟才六七岁，在那里读完小学、中学后参加工作。后来单位培养他又到宁波读书，之后也留在了宁波工作生活。

小校场的老房子，不但见证了我们几个兄弟姐妹的成长经历，同时也延续了我们后面两代小辈的成长历程。比如我的外甥和外甥女也许会记得，有一年过年前，他们的外婆在灶台上忙着炒年货，两兄妹在灶台旁的水缸边，大的坐着小矮凳，小的坐在小椅子，为多分点喷香的番薯糕干，争得不可开交。当时已经六七岁的外甥还争不过当时才二三岁的外甥女，但外婆总是呵斥大一点的外甥，要他让着点妹妹。只见一边天真的外甥女哭丧着脸望着外婆，拼命地捺着夺来的战利品，而一边一脸无辜的委屈又口拙的外甥情急之下也只能喷出"小货坏"一句。这种童稚趣事，日后肯定也会成为他们对小校场难忘的记忆花絮。

我到宁波工作乃至结婚成家以后，大部分春节都会回小校场过。父母亲则一直住在小校场，2014年小校场老房子被拆，二老才搬迁到了政府建造的安置房欢乐家园。

## 欢乐家园

小校场老房子被拆迁后，父母亲居住的欢乐家园，离丹城城中心比较远。再说现在兄弟姐妹在丹城居住生活的只有二姐和阿哥两户人家，他们也都已经60多岁了。所以我们原本想在丹城老城区给二老找一套房子，离二姐和阿哥家近点，以便日常照顾。但母亲坚持要住到欢乐家园，只能依其。2014年10月份装修好后就搬了去。

二老的安置房为二室一厅一卫一厨，麻雀虽小，但功能齐全。平时二老住住也已经是蛮舒服了，就是过年过节我们几个兄弟姐妹几家人聚在一起，在小客厅里也能放得下一张大圆桌挤挤吃吃饭。保姆要住，在小房间搭张铺也住得下。

欢乐家园位于丹城与松兰山中间的赤坎、寨里处，距丹城城中心约5公里。那里空气清新，尤其到了夏天，凉风习习，平均温度要比丹城城区低好几度。但由于离丹城城区较远，平时大家照顾二老就要辛苦得多了。尤其是有一段辰光，父亲母亲只晓得心疼钞票，再说年纪大了，越来越固执己见，不肯雇保姆，只得由在丹城的二姐、二姐夫、阿哥、阿嫂他们轮流着每天去烧饭洗衣照顾。尤其是盛夏三伏天，顶着滚烫的日头，寒冬数九天，冒着刺骨的风雪，而且都是六十出头、近七十岁的人了，真是苦头吃足。而我们几个在宁波的姐弟，也只能抽空去去，但总是担心不已。

前两年，二老由于身边缺少人随时随地的照顾，都先后跌倒住院过，后来好劝歹说才雇了保姆。现在二老在欢乐家园的生活还算安稳，相对减轻了大家的担心和负担。

这两年丹城老城区的拆迁力度有所加大，县政府前面老南街东面的一大批都已拆平。原来住在丹城老城区的老居民，相互之间基本上没有不认识的。而这些人拆迁后又大多安置在了欢乐家园居住，为此，许多老邻舍又变成了新邻居。老相识聚在一起，大家每天凑在一道聊聊天、打打麻将，一点也不生分，就像回到了老丹城，相互之间也多了几分照应。

## 老邻舍的情谊

我家多次的迁徙，使我们结识了许多好邻居。但凡经历过那个年代的人，都能真真切切地感受到俗话所说的"远亲不如近邻"。同样，多年来很多邻居成为了我们走动密切的亲友，有事总是相互帮忙，彼此之间结下了深切的情谊。

说起邻里关系，不得不说说我们的父母亲。先说父亲，他是他们那个年代典型的只顾在单位赚来工资，不管其他一切的男人。在我的记忆里，打我记事起到他退休前，不管是当普通工人，做车间主任，还是到后来担任厂长，除了在单位之外，在家里从未看到他挑过一担水、烧过一餐饭、洗过一件衣服，甚至没烧过一壶茶。同时，父亲平时又是个言语不多、不善于言谈的人，所以更不要说与邻居能有多少的互动，平时碰面最多也就是点个头打声招呼而已。但他为人实惠，又从不贪占人家的便宜或去冒犯别人，所以像他这样的人，也不会给邻里关系带来什么"负能量"。

而我母亲，由于当时的社会背景、父亲的性格及一大子家里的情况，里里外外都是她一把抓。再说她性格强势，大大小小的事情都要由她来拿主意，而且一直以来对自己家里人看上去总是一个也不满意。但对外人，总体来说还是讲道理和有分寸的。平时也不会去占外人的便宜，人家对我们好，她也能投桃报李。最重要的是，对我们小时候的管教还是很严格规矩的。所以在邻里关系处理方面还算比较好，这也给我们家带来过很多益处。

听姐姐们说起过，小时候在羊行街和花宅门，我们租人家的房子住，母亲做我们的规矩，与邻居家的小孩相处不要惹事。特别是房东的家境比我们总要好些，他们的小孩老是有闲食吃，叫我们不要眼馋。平时即使人家不对，也要让着人家。

所以，在我们幼小的心灵里，总是会有一丝的卑微感。而正是当时这种有些苦涩的卑微感，在我看来，对我们的人生来说，其实是一笔难能可贵的财富。它培养了我们在以后的人生中，不管碰到什么样的人，都能善待，从不欺负别人，恪守与人为善的为人处事之道。

可以说，小时候我们几个兄弟姐妹基本都不会跟人家打架或吵架，在以往的邻居们眼里算是比较乖巧听话的。

而我们以往的邻居，大多是本分规矩人家，从羊行街的仙菊姨娘、花宅门的彩香姨娘到县前街的爱玉姨娘、黄家的阿伯阿婶，以及后来小校场的好多邻居，都与我家相处甚好，成了至交。这些年来，谁家要是抬媳妇、嫁女儿，大家都会送份人情钱，前去吃吃喜酒；哪家老人过世了，也都会去送送。

记得很多年前，羊行街的仙菊姨娘嫁大女儿，我家也去吃过喜酒。花宅门的彩香姨娘在我们搬到了小校场后，有时还会给我们送些他们自家种的大白菜，他们家的二儿子还曾认我们的父母亲做干爹干娘。县前街的爱玉姨娘是我母亲比较讲得来的老邻舍，多年来一直情同姐妹。她的一个儿子与我还是高中同学，并在一个单位工作过。以前两户人家有点什么事，她们两位家庭主妇总会凑在一起家长里短地诉说一番。前几年开始爱玉姨娘的神志和身体有些不好起来，去年我还陪母亲特地去她家看望。我在中学参加野营活动时，跟去烧饭的在象中食堂工作的黄家二伯看到我，总是会多舀点饭菜在我的饭碗里。黄家四姨娘的大女儿美菊姐，后来与我曾同在一个部属企业工作。更巧的是在一个百余号人的部门，她担任书记，我当主任这样搭档过，有过一段时间非常默契和愉快的合作，使往日的邻居情谊在异乡得以延续。在汤家弄的正香姨娘据说还是我二姐结婚时的介绍人。

我们刚搬到小校场时，那里住着刘家阿婆家，刘家阿公当时还是我父亲厂里的职工。在我的印象里，刘家阿婆一家人都比较和善。记得冬闲时节，他们生产队里的人经常凑在一起，在他们家的房间里一边烤火取暖，一边听人说着老书。头一两年，每到放寒假，我经常会到他家的房间，钻进几个叔叔睡的被窝里听人说书。

当时他们家与我家相邻处还搭着一间茅草屋，每年快到下半年总要借我们家的空地打草扇换茅草屋顶。一边看着他们和前来的帮忙人打着草扇，一边听他们讲笑话，在旁边玩耍的我，也总是乐不可支。

刘家的大儿子德丰叔比较喜欢唱京剧样板戏，还经常有人拉京胡给他伴奏。平时，只要隔壁京胡一响，我就会跑过去听，时间长了，我也就慢慢学会唱了。所以我后来对京剧样板戏的许多唱段都能张口就来，很大程度上应该是缘于此。

在刘家的几个兄弟中，数我跟三叔德宝关系最亲密。小时候去大凹井钓鱼，被母亲打了一顿之后，我就再也不敢去钓鱼了。而在刘家阿婆家，当我看到他们家墙壁上挂着排列整齐的四根由短到长的钓鱼竿，特别是看到德宝叔一次次钓来满满一鱼篓的河鲫鱼时，我就又心动手痒起来了。有一天，经过德宝叔的说情后，母亲终于答应我跟着他去钓鱼了。从此以后，钓鱼也成了我业余生活中的一大爱好。第二年德宝叔应征入伍。那时候农民能去当兵，无疑是天大的好事，大家都很高兴。而我却因为离开了一位亲密的大朋友而暗自神伤了好长一段时间。

说起前面提到的小校场分到的那间小屋间，还有一段小故事。在我家对面，住着一位在房管所当小干部的小朱阿姨。此人虽为女性，但性格豪爽，敢做敢为，颇有男相，平时也爱听好话。当时她三十出头，人也长得不算难看。她的大儿子是我的同班同学。

后来有段时间她被调到离家较远的石浦去工作。这期间，她十来岁的独养女在一次与两个弟弟游泳时淹死在了西谷湖。那时她家的境况可想而知，邻居们还是对他们家给予了关心与帮助。再说我母亲又是个富有同情心的人，所以在他们家落魄时，我们没有表现出对他们任何的鄙视，在平时还是一如既往地与之相处。记得当时她女儿的尸体，也是我们几个邻居帮着打捞上来的。

后来，她调回到了丹城工作，不久搬离了小校场。在与我母亲谢别时，特别提到我的两个姐姐既懂事又漂亮，她很喜欢这对姊妹花。同时，母亲也顺便提起了家里小孩子都大了，已经搭不下床。小朱阿姨听了以后，在她家搬离时，专门隔出一小间分给了我们，而且还给减免了不少的房租费。

大院内的谭队长也给我留下了比较深的印象。估计他是当时县民警大队的大队长，后来县民警大队编制撤销后，在县武装部任职，是个大尉。当时看到他的肩章上有密密麻麻的四颗星，在我们的心目中好像是个非常大的军官了。此人身材魁伟，声音洪亮，音质浑厚，人称"谭大炮"。他为人随和，平日在院子里碰到邻家的婴孩就会接过去抱上一抱，有时看到我们院子里的小朋友调皮捣蛋，虽然会故意虎着脸吓唬一下，但随后就会弯下腰来用胡子戳一下我们的小脸。所以，无论大院里老百姓家里的大人和小孩，都喜欢和他接近。可以说，我们所说的军民鱼水情，就应该是当时这样的画面吧。

说到这个谭队长，他和我们家还有一段不平常的关系。事情还得从我的小娘舅说起。我的小娘舅为人忠厚老实，勤劳肯做，所以当时在老家大林大家推举他当生产队长。在一次为生产队主持公道时，被人打伤后含冤致死。这位谭队长当时刚好作为军代表担任县革委会人民保卫组的负责人，相当于现在的县公安局长。在安排相关人员查实了有关案情后，为我小娘舅的案子做出了公正的处理。

所以我们家对谭队长怀有特别的感激之情。虽然谭队长已故世多年，但母亲对他们家的子女一直比较关心。他的大女儿也一直是我二姐很要好的姊妹。

院子里还有一位在汽车站工作的刘姓司机，是个山东人，大家都叫他"小山东"。此人有两个很明显的特点：一是待人和善；二是行事谨慎又胆小怕事。

说他和善，凡是见到巷子里的老老少少，他都是一脸的笑容。与人们想象中的山东大汉不同，他不但身材略微瘦小，不管与生人熟人说话，都是细声细气，而且还带着一副腼腆相。

说他行事谨慎又胆小怕事，因为他凡是大事小事总是仔仔细细，怕出差错。平时不管是检查保养车辆，还是出车，都极为谨慎细致。尤其是作为驾驶员，开车极为小心，多年来很少发生行车事故。但有一次他开车撞了人，当时也不知道是不是应该由他负主责，被撞的人送到医院是死是活先不说，而他却当场被吓得魂飞魄散不省人事了。被人送到家里后躺在床上好几天滴水不进，还一刻不停地讲着胡话，值得一提的是他还总是一刻不停地呢喃"莫死、莫死，罪过、罪过"。

每一起交通安全事故总是不幸的。这件事，虽然足见"小山东"刘师傅胆小怕事的一面，但从另一方面来说，也充分体现了他善良的心地和那个年代驾驶员这个行当应有的职业道德。

那时候，全县城就只有那么几辆车，由于他是开车的驾驶员，平时邻居们有事，总是会找机会求他搭个车，或托他捎点东西。一般情况下，他都会帮忙。就是有时不是他自己开车，也会托其他驾驶员同事帮忙办理。

记得我到宁波工作的头两年，有一次在家过年后回去上班。刚好那天他要开货车去宁波，我就搭了他的便车。那天因为有他单位的人一道坐在驾驶室里，我就只能坐在露天的车斗上。春寒料峭时节，那天还下着雪，一路冒着刺骨的寒风，尽管身上披着单位发的劳保用品坦克棉袄，四五个小时下来吃的苦头可想而知。但想想那时一个月的学徒工资才十四五块，几个钟头能节省二三块钞票，也就觉得非常值得了。

当时的小校场原民警队大院内，住着许多县政府的领导干部，如县委黄书记、林县长、县委常委老谢，还有小张阿姨、小翁阿姨、老陈主任等。我感觉县里的最大领导与普通老百姓之间好像也没有什么太大的隔阂与距离，相互之间住在一起，就是普普通通的邻居关系。

平时，像小张阿姨这样在县委、县政府工作的女同志，有时家务活忙不过来，也都会叫我母亲帮帮忙。由于我母亲做的番薯干和糕团之类的点心特别好吃，过年到了，他们会拿袋米来我家，叫我母亲帮他们做一些萝卜团、红团团，使他们家也能吃上好吃的年节糕点。

当然，与他们的结识和相处，也使我们获益颇多。尤其是在我们几个兄弟姐妹的就学、工作等方面，像小张阿姨这些大大小小的领导邻居们，在政策许可和他们的职责范围之内，给予了我们许多的帮助。

当时这些领导的子女们身上也没有什么官二代的坏毛病，他们中有些又恰好是我们的同学。记得黄书记的儿子与我阿哥当年既是同学，又是小校场篮球场上的球友。林县长的儿子是我的同班同学，也是我少年时期的玩伴，小张阿姨的儿子也是我弟弟的同学与好友。大家的关系甚是融洽。

即使后来这些邻居陆陆续续搬走了，有的也一直与我们保持着较为热络的关系。像退休了的林县长路过小校场，也经常会拐到我家坐坐，与差不多年龄的我的父亲一起谈谈他们关心的社会问题，聊聊他们的身体和各自子女的工作、生活情况。大姐和我回到丹城也经常会到老邻居家里去看望他们。

我们搬到小校场原民警队大院时，原来那里只有朝南大门的一个出入口。北面县政府旁边的老招待所和老百货公司的老东街那里到我家屋后的倪家庭院原来是个死胡同。我家搬来后，有人提出是否可在我家庭院的右侧围墙上开扇门，这样，只要通过后面的弄堂可以直通北面的东街，而不必到汤家弄或上进殿去绕了。邻居们一商量就这样办了，给大家带来了很大的方便。这条弄堂后来也成了人们南北往来的主要便道了。

现在想想，那个年代的邻里之间的关系有多和谐。不要说开扇门，十几、二十几户人家都能互相兼顾、互相体谅，协商得通。现在就是在老小区五六层的多层楼房改造安装电梯，一个楼道的五六户人家还不能统一意见，无法实施。再试问，现在一个楼道里一起住了几年了，有几个人能认识自己楼上、楼下的邻居并能叫出他们的名字？所以，每每想到这些，真的很怀念那个时候的邻里关系及情谊。

## 老家的水景

我在1977年底离开老家丹城前，丹城老城区也就是东起老搬运站，西至西谷湖，南边自木工厂上来到县政府的北围墙为止。整个城区方圆不到2平方千米。好像现在的新华路大目塗酒店到东谷湖外，建设路以南基本上都是稻田，就算是快到乡下了。与现在的丹城城区比起来，简直是屁股大一点地方。

那时的丹城虽小，但景色很美。尤其是河流纵横，水系发达，城内溪流交错，溪流声潺潺不息，池（河）塘星罗棋布，到处都是小桥流水。

先说河，记得东南面当时从东门的老搬运站东边的桥头起一直快到西谷湖有一条贯穿东西的河流。另一条自南街南头的木工厂东边的锅底潭开始，流向南由大河岸、老电厂的新桥头，到杨家后再分流，经大碶头和南庄分别流向柴嘴头和门前塗的海塗里。东门到西门的砂石马路北侧边，还有汪家河等内河。

难忘的是小时候到我父亲单位木工厂去玩，厂里当会计的彩娥嬢嬢经常会给我做钓竿。她先把大头针拗成的钓钩缚在一段棉纱线上，再把棉纱线的一头缚在一根毛竹细上。然后我拿着钓竿，来到厂门口的锅底潭，坐在马路边的石驳坎上钓会儿鱼。记得在我十来岁时有一次坐在校场河与锅底潭交汇的桥头上，接连钓上了约四五指宽的两条河鲫鱼。当时过路人就说，这么小的人，钓这么大的鱼，当心被鱼拖下去。

稍大些我就到大河岸、甚至大碶头等更远的河里去钓，经常会有不少的收获。

夏天到了，我们住在附近的孩子就会整个下午泡在南门的校场河，一边划水，一边还会钻水孔到河底下摸鱼。那时候的校场河，简直成了我们这些孩子的"水上乐园"。

在这些河浜里划水和垂钓的经历，也给我们那个年代既青涩又清贫的孩童和少年时期的生活，留下了一抹颇有趣味的记忆。

然后，城里有多条自北向南流淌的溪流。特别是从饮水库流到北门行宫的凤跃溪，特别宽阔，水量也较大，经西桥头往下分流到锦塘桥、下路桥后再汇集到小河头，直至汇入城外的河里。雨季时节，水量骤增，上游的溪坑水流到西桥头，经过桥洞后泛起层层激烈的浪花，奔腾向前，气势磅礴。每逢这时候，我们上学放学经过西桥头，总是会驻足观看一番。当时给我们的感觉，不亚于在观赏黄果树瀑布。

当时这些溪流清澈见底，基本没有什么污染，水质很好，还是住在溪坑边附近居民们日常的主要生活水源。好的地段，人们还取溪坑水来饮用。在有的溪坑里经常会看到，上面一小段供挑水饮用，中间一小段用来洗菜、洗衣服，下面一小段则洗洗杂物。由于一年四季水量丰沛，溪坑里的水流量也比较大，所以流过一段，一些废杂物经过沉淀，水质又变得清澈起来。再到下面一段，又重新开始一个循环。那时候，人们的环境保护意识也特别好，平时宁可多走几步路，也不会到挑饮用水的那一段溪坑里去洗手。

这些溪坑里，长着翠绿的水草，而且还有小朋友们喜爱的许多形态各异的小鱼、小虾、小蟹，泥鳅、青蛙之类水栖或水陆两栖小动物。小学三四年级以前，我分别在秧田头、蒋氏学堂和丹小上学。尤其是在天热时，每天放学，总是会在蒋氏学堂门口和下路桥这些溪坑里和小同学们打打水仗、抲小鱼、抓小虾、捉泥鳅，玩得不亦乐乎。

再是城中有许多的池塘和水井，有的砌造得特别精致，别具一格。县政府东西两边对称的围墙根，分别挖有东漕河、西漕河。与其说它们是河，还不如说更像是个塘。我猜想，当初开挖者赋予它们的功能，除了主要是衙门内一旦失火，作救火水源之用；同时，在用作洗涤一般物品之外，也许还有想荡涤荡涤官府衙门的污浊之意吧！

在我的印象中，锦塘桥与下路桥之间的溪坑北首有只四方大池塘，四周用凿刻精美的整齐大石条砌成，池塘内的水草四季翠绿。老象中大食堂东边也有个大池塘，建造得同样精致，尤其是在夏天，池塘里荷花盛开，煞是好看。

城中的好多路边和弄堂里分布着大大小小无数口水井，其中西门的大凹井、龙泉井和丹山井尤为出名。这一方面是由于它们的外形别致，且每一口井都有一段脍炙人口的历史传说，另一方面也是得益于这些水井优良的水质。像坐落在丹山脚下象中境内的丹山井，那时候，它是用一横一直两根毛竹竿利用杠杆原理搭成的吊井。它不但造型独特，水质也特别清澈，而且水温冬暖夏凉。更令人记忆深刻的是井水的口感，清爽中还带有一丝淡淡的甜味。我们在象中读书时，尤其在炎热的夏天，无论我们坐的教室离它有多远，常常会利用课间十分钟的时间，跑去争先恐后地喝上几大口。清凉甘醇的泉水，几口下肚，沁人心脾，真是好喝极了，顿使人的神志也为之一振。我敢保证，现在市场上出售的最贵矿泉水的味道和各项保健指标，也绝不能与那时丹山井的天然泉水相媲美。

然而，老家这些几乎伴随了我整个童年和少年的波光粼粼的大小河流、潺潺而淌的小溪坑、清澈见底的池塘水井，随着岁月的流逝，慢慢地不知不觉地被不断吞噬以致消失。如今的丹城，再也回不到从前，而我也只能在旧梦里去追寻小城那小桥流水如画般的景色了。

每每想到这里，我的心里总会有一种莫名的伤感。什么是老家？老家就是我小时候总想离开但长大离开后又总想回去的地方。而每一次我与老家的离别，实际上就意味着彼此生命的一部分的消失。

## 老家的路景

说了老家的水景，再说说老家的路景。儿时记忆中，城里的主要街道和弄堂地面，基本上都是用石板或拳头大小的石头铺设而成，而且铺设得整齐有序。这些石板大多是红石头裁凿而成，铺在南街或羊行街等主要街道上的石板的形状和大小基本上都是长约近一米，宽约七八十公分的长方形，厚度一般在三五公分。考究一点的街面屋门面还会铺有二三十公分厚、长度不等的檐阶石。街道的角角落落，铺的也是大小不等、形状不一的石板。而一般的小弄堂，有的是石板路，有的则是石子路，多数都是土路了。

孩童们有时候没事情做，看到路上有块翘空的石板，还会踩到上面当跷跷板玩一番。一些有年代的石子路，经过了千人踩、万人踏，每块石头基本上没有了棱角，已经变得光滑圆润，小时候经常赤脚在上面走，也不会觉得有什么戳痛感。现在有的公园里，还专门用鹅卵石铺设一段类似以前的这种石子路，作为供游客作脚底按摩保健之用的设施。有些石子路，就像大户人家门堂内的庭院一样，铺有或方或圆等各式各样很有规则的图案，非常精致好看。

除了石板路和石子路外，还有一部分道路是泥土路。印象最深的是南门头老汽车站走进校场头的一条烂泥路，一群群鸡、鹅、鸭一天到晚拖泥带水地在那里进进出出、走来走去，加上鹅鸭场流出来的污水，尤其是在落雨天，烂泥、鸡屎、鸭屎、猪屙满地都是。再说小时候老是赤脚，每次走过总是汗毛竖起。碰上集市日，又是交通要道，密集的人群、手拉车，还有成群的禽畜混杂其中，经过此地的人真是苦不堪言。

但泥土路也有好处，它的散热性能强。所以，碰到盛夏时节，大家赤脚走路时，经常会避开烫脚的石板和石子路，不由自主地挑荫凉一点的泥土路上行走。

老话新说，泥土地既接地气且比较柔软。所以，许多老户人家的堂前间，多是泥土地，有的由于有些年头了，地面已经变得乌黑发亮，成为了名副其实的"地板"。小孩子在那里玩耍，即使跌倒在地上，也不会太痛和带来太大的伤害。

二十世纪七十年代初期，丹城在看守所前面的南街开始浇第一段水泥路。当时连日连夜地弄了好几日才浇了短短的一截，记得有几个晚上我们邻居几个小玩伴还跑过去看稀奇。

当时，全丹城就只有从东门口老搬运站到西门西谷湖的一条砂石马路，县里面有些公社还不能通汽车。就是1975年我下乡到离城中心只有五里路的梅溪，当时也没有汽车能开得进去的道路，交通设施相对落后。大多数路是慢慢先从手拉车路开始，有了拖拉机就拓宽一点修成了机耕路，到后来才逐步修成了汽车路。

由于象山半岛偏隅长三角南缘，沿途山岭众多，海滩蜿蜒绵长，对外交通比较闭塞。南门头的老车站里，一共只有几辆破旧的公共汽车，一整天那么零零星星的几班车，而且最远的也就是开到宁波市区。当时去宁波市区的只有两条路，西边的一条是主线，要绕经宁海，中间不知要爬N座山翻越N条岭，光是爬出丹城的柴屋山和莲花的海岙岭两条盘山公路就得花上个把钟头。另一条东边的线路则先要坐半个多钟头汽车到西泽码头，跳下车后乘个把钟头的木壳机帆船到横山码头，再换乘一个多钟头汽车才能到宁波东站。另外，再加上下车和上船等待的时间，两条线路都要花四五个钟头。而且下车后，整个人从头到脚都是一层厚厚的黄泥灰，活像个"灰白老鼠"，洗洗干净也要半个钟头。

记得1977年底我被招工到宁波，通知我们过了春节后去上班，但年前单位寄来了几张票子叫我们去领年货。那天，我早上七点左右出门，长途汽车坐到宁波已是中午时分。到单位领了各30斤的大黄鱼、带鱼、乌贼、叉鱼和鳗鱼。这些鱼货，加起来150斤的分量，还要坐汽车挑上挑下。好在经过了梅溪挑粪水的锻炼，再说，那时候的大黄鱼等鱼货全部是海里捕上来的正宗野生货，根本没有现在的养殖黄鱼等这一说。虽说大黄鱼的价钱每斤只有2角4分，比带鱼还要便宜2分一斤，但在当时过年单位里能分那么多的年货到家里，已经是很好的福利待遇了。所以当时不但不感到吃力，反而是脚下生风。但下午再赶汽车回到丹城则已是灯火阑珊了。可见当时丹城到宁波往返一趟是多么的费劲和不方便。

1981年底，我与同单位的老婆处对象时，余姚的丈母娘在她家里是做主意的。一听女儿找了个象山丹城人，尽管余姚和象山都是宁波地区的一个县城，但在她眼里象山似乎就像与现在的边远山区一样偏僻落后。再说，在她心目中，她那个长得如花似玉且又在宁波国营单位工作的宝贝小囡，随便咋样也得嫁给一个像现在的"官二代""富二代"之类的人物。所以，当时心里肯定有点不太放心和不太满意。但女大不由娘，且每天又不在其身边，管不大着。再说那个年代子女找对象仍然由爹娘做主已经不大有了，但心里思忖又总是不那么称心。为此提出，定亲前要亲自到我象山老家来考察考察。

有一天，她兴师动众地带上了我对象的大阿姐，一早坐火车从余姚出发，到宁波后又坐了四五个钟头的汽车，整整花了一日工夫，到丹城已经快入夜了。尽管经过一天旅途的劳累，唠叨了几句"路那么远"的牢骚闲话，但好在到了我家，两亲家一碰面还谈了拢，看看我们也算是一个规规矩矩的实惠人家，条件不算太好，但也不是特别差劲。所以，回去以后才拍板让我当了她家的小女婿。由此可见，当时在外界看来，丹城是多么偏远的地方，交通出入有多少的不方便。

随着社会经济的发展，丹城老家的道路和交通状况也不断地得到改善。一条条隧道代替了以往的盘山公路，一条条马路先由砂石路改成了现在的水泥路或柏油路。西泽码头的木壳机帆船和铁壳渡轮也已成为了历史的印记。

二十世纪八十年代末到九十年代初之间，象山去宁波的西边一条线路的彭姆岭、海峹岭等隧道相继贯通，线路也做了改经梅林到宁波的调整。往东边去宁波的西泽码头木壳机帆船后来改成了铁壳船，再后来发展到可以人车同时装运的渡轮，直接过象山港经横山码头到宁波。丹城到宁波的路面也基本上都变成了水泥路或柏油路，路况有了明显的改善，旅途时间也由原来的四五个钟头缩减到两个钟头左右。

2010年元旦，天堑变通途，象山港大桥的开通，标志着老家的对外交通条件得到了根本的改变。丹城到宁波之间基本上全程都在高速公路上行驶，车程也缩短成了不到一个小时。

虽然我从1978年初开始到宁波工作生活整整过了四十个年头，但老家丹城始终是我最魂牵梦萦的地方。

大凹井、锅底潭的童钓，小溪坑里的小鱼虾，县政府大院内树林里的鸟窝，小校场里的弹珠洞和篮球场，盛夏经常泡上半天的校场河，这些地方有我童年的懵懂和乐趣；秧田头与蒋氏学堂及丹小和象中的课堂里与操场上有我少年的憧憬和烦恼；北门行宫抬水的溪坑，抬粪水去种番薯的西门半山腰的自留地，以及下乡时从丹城挑粪水到梅溪的那条狭长的小路，有我的苦涩和期盼，也使我领略了生活的艰辛。正是这些曾经是我无比熟悉的每一个地方，见证了我的成长。

老家更是有我还长年生活在那里的父亲母亲和兄弟姐妹等至亲，还有孩童时的邻家玩伴，我的老师和同学，有太多太多的我在那里七千三百多天中伴我成长和给予我帮助的亲朋好友、左邻右舍。假如我是一只随风四处飘忽的风筝，那么老家就是它的主人，而我对老家的记忆仿佛就是这只风筝的丝线。无论我飞得多远多高，飘得多久，始终会被这条丝线攥回到老家。而且，随着岁月的流逝，这条丝线也将攥得越来越紧。

今年恰逢我国改革开放40周年。老家经过这40年的发展，也发生了翻天覆地的变化。

衷心地希望象鼻山上的草木更加葱茏翠绿，千丈岩顶上的天空更加湛蓝明净，松兰山的海面永远荡漾着粼粼波光，南大河的水流更加清澈见底，欢乐家园的空气更加清新，朴实勤劳的老家人们能更加富足安康。使我不但能够享受梦回故里的愉悦，更能感受到老家现实的美好。

祈福老家！祈福二老健康、清头、长寿！

# 跋

好长时间以来，一直想写点老家的东西，年纪渐渐大起来后，这种想法也越来越变得浓烈起来。但又总是未能落笔。

前些日子回老家到丹城老城区转了转，分别去了我们以前住过的地方，看到汤家弄、小校场等几处老屋大部分都因旧城改造已被夷为平地，儿时钓鱼的大凹井和全城各处潺潺的溪流也难觅踪影，老家已是时过境迁、物是人非了。特别是看到父亲越来越蹒跚的步履和母亲日渐伛偻的背腰，不禁使人伤怀起来。触景生情，我终于提起笔来，几个晚上伏案而作，写成了以上文字，想想还是把它名为《老家的记忆》吧。

夜深人静，当我写到饿肚子的年代阿哥吞吃咸虾子酱、二姐在自己尚未成年就给人家打短工、几个兄弟姐妹小小年纪抬粪桶去地里劳作和大姐冒着风雪在山上敲石子时，我的鼻子会阵阵发酸，眼眶也会不知不觉地湿润起来；在回忆起家境拮据、父母日夜操劳时，我体悟到他们为了抚育我们所付出的艰辛；尤其是在写到我小娘舅的不幸遭遇时，我的脑海里呈现出在那个大雪纷飞的深夜，我那可怜的小娘舅心里不知道怀着多少悲怆而决然悬梁自尽的凄惨情景时，我不禁搁笔掩面，悲伤得难以自制。

当然，当我回忆起孩童时的顽淘及童钓的趣忆和一些逸闻趣事，我会情不自禁地窃笑起来；在回味给予过我们帮助的左邻右舍的邻里情谊时，一种感激之情就会油然而生；特别是闭着眼睛，尽力地去回想当年伴我走过童年，而今已经不复存在的遍布丹城老城区的河流小溪、池塘、凹井那些小桥流水的踪迹时，心中就会感到无比的留恋和些许伤感。在撰写这篇文章的整个过程中，我的思乡之情也得到了尽情的宣泄。

关于文章里的字词语言，一开始，我也是按照一般的书写习惯来表达。但写着写着，特别是写到那人、那情、那事、那景，一些老家的土话、方言会不时地钻进我的文字里来。换成一般的书面文字，有时还觉得表达得意犹未尽。于是，索性按随口而出的一些老家口语来写了。

但又怕这样写出来的东西，文章画面感、情景感的表达是否会有影响。于是，在写了几个章节后，交给了我的兄弟姊妹和老家的几位老同学老朋友，在征求了他们的意见后，大家非但表示认可，还建议尽量能用老家口语来写，认为这样读起来更有味道。于是，就写成了现在这样书面话与老家口语夹杂的样子。

在撰写这篇文章的过程中，得到了我的家人和学基、智群、家鲁、永辉等几位老同学和老乡朋友的大力支持。在文章里提及的一些地方及河流、溪坑、池塘的名称和年份的记忆，特别是一些老家的口语表达等方面，大家都是热情帮助，给予指导。

期间，大姐还陪我走访了几位老邻居，与他们一起共同回忆往事。甚至在文章的思想内容方面，尤其是我的两个姐姐也帮我把关。比如，为了更加形象地表达现在欢乐家园搬在一起的老邻居彼此之间的熟悉程度，文章中原来有一段关于描写老丹城街上有几个精神病患者的文字，只有小学文化程度的二姐向我指出，这些文字表达有悖于社会公德，建议我删去。大姐还在文章中对牵涉一些政治运动和邻舍隐私方面的表达，提出了很好的修改意见。我感到，她们在帮我写作的同时，还继续在教我做人的道理。

在此我向大家表示深切的感谢！

我离开老家已经整整四十年了，老家的面貌也发生了巨大的变化。这样时空跨越近半个世纪回忆老家的文章，除了给我本人和我的家人留点记忆之外，我也曾疑虑，是否能得到一般读者的共鸣。但给了老家的几个老同学和好友，他们看了之后都颇有同感。就连八十年代后才出生的我的外甥女也对我说，看我的这些文章比听我给大学生讲课还要有味道，甚至给她有震撼感。家人和同学朋友的鼓励，特别是外甥囡这番带有奉承意思的话语，使我在写作时的笔头变得更加顺畅。

有人说，经常回忆过去的往事就是意味着开始衰老。如果是这样，那么，我倒愿意接受并享受这种衰老的过程和愉悦。

是为跋。

何建平

2018年11月

# 母亲留给我的味道

## 母亲做的团

今年是我的甲子本命年，屈指算来，离开老家象山丹城已经整整四十年了。除夕，偕妻儿回老家过年，面对一大桌子由充满年味的家乡特色菜肴和点心所集成的年夜饭，而我更想念的却是由儿时母亲做的各种菜肴和糕团留给我的味道。

在我们小时候，团在丹城一带就像以前北方人所说的"初一饺子初二面"一样，是过年时才能吃得上的时令特色食品。我们当地有句俗语，就是"依心依想团当饭"，这足以说明团在人们心目中的喜好与向往度。记得每年除夕前，母亲总得忙碌上几天的时间做团。团由糯米或粳米粉和各种馅子做成，根据馅子的种类，一般分为红团团、咸菜团、萝卜团三种。

红团团是甜团，寓意着红红火火、团团圆圆、甜甜蜜蜜的美好愿景，其馅子由水煮红豇豆拌红糖碾压而成；咸菜团，顾名思义其馅子的主要成分就是以当地自腌的咸菜为主，加入肉丝、香干丝炒制而成。而我最喜欢吃的则是萝卜团。萝卜团的馅子由萝卜丝、肉丝、香干丝加上少量的葱花，考究的还要加上猪板油熬制的渣料炒制而成。

做团的工艺其实有点复杂，主要是先筛选上好糯米或粳米，然后在水里浸泡上几个小时，捞出晾干后再用机器轧磨或人工用石磨磨细成粉。其实，磨粉也很有讲究，一般人家做团用的粉都是由机器轧磨，而我母亲做团时用的粉必定是在石磨上用手工磨出来。因为这样既可省块把来钱，但更主要的是用石磨手工磨出来的粉做成的团要比机器轧磨的粉做成的团更细腻、更柔软，口感更爽滑。

团味道的好坏，馅料和做工都很重要。首先说馅料。当时，我们一家七口的衣食用住行，还有我们五个兄弟姊妹的读书，基本上靠父亲每月的五十来块工资来开销。平时一日三顿，只要能吃饱就行。所以平时母亲常在菜场里挑一些便宜的东西来将就凑合。而对做团，无论是从糯米或粳米的挑拣，还是到各种馅子及各种佐料的选择，母亲总是择优选取，毫不吝啬。精心挑选的原材料为做出味道上佳的糕团提供了必要的基础条件。

别的不说，就说萝卜团吧。母亲做萝卜团时，总是挑选水嫩嫩的萝卜，洗净去皮后，再用丝刨刨成粗细均匀的萝卜丝。然后加上五花肉丝、香干丝和少量的葱花进行炒制，最后加上口味适中的调味品，做成了一锅香气四溢的萝卜团馅子。其实，这种萝卜团的馅子也是一道很好吃的小菜，只不过在当时它应该算是奢侈品，不舍得当作一般的小菜吃罢了。

接下来的和面与包团的环节，就跟北方人做包子差不多。再之后，把包好的萝卜团整整齐齐地码放在蒸笼里烧蒸。一般为了方便各种团的区分，像红团团都会在烧蒸前预先在它的表面滚黏上一层糯米粒。咸菜团也会事先在上面掐个小尾巴似的小角。而唯独萝卜团是在它出笼后，用筷子蘸上食用红粉水在它上面按个红点，就像年画中的胖娃娃眉心的红点一样好看。

由于母亲做的团用料考究，手艺又好，所以，做出来的团特别好吃。当时像我们这样经济条件的家庭，平时是很少有好的糕点吃的，所以大家总是期盼着过年能吃上母亲做的团。

当年，与我家关系较好的左邻右舍中，有些在单位上班的女同志，过年过节没有多少时间做家务活，更不要说做我们老家过年过节食用的这些糕团，再说就是有时间她们一般也都不会做，所以母亲经常会送些团给这些邻居尝尝。由于母亲做的团特别好吃，所以，有的邻居在过年前，就拿上一袋米来我家，叫我母亲帮她们也做一些，让她们家也能吃上这些好吃的糕团。

离开老家到宁波工作后的前些年，母亲知道我平时喜欢吃她做的萝卜团，经常会做好后带些上来。大部分年头我回老家过年也总是能吃上母亲做的团。

终于有一年我回家过年，年夜饭的餐桌上未见有母亲做的萝卜团。母亲说，年纪大了，手上再也没劲揉粉，做不动团了，叫我们到菜场上去买些来吃。此刻，我望着佝偻着背腰的母亲，才意识到为我们操劳了大半辈子的母亲已经老矣。从此之后，可能再也吃不上母亲亲手做的我最爱吃的萝卜团了。

现在回老家过年的时候，或者在平时去老家看望父母亲回宁波之前，我经常会特意到我们原来住过的小校场老屋旁的菜场里，买上几只、十几只萝卜团带回家里吃。有时遇到应酬，即使到石浦大酒店等有象山风味的酒店用餐时，只要看见有萝卜团，也总会点上几个尝尝。

尽管这些萝卜团的口味与母亲做的相差甚远，但对我来说，也许能多多少少找回一些和回味一下当年母亲留给我的味道。

## 母亲的番薯糕干

番薯糕干是我们老家常见的一种家制传统手工糕点。它的主要原料就是番薯，考究一点的则再加些芝麻、桂花和橘子皮等佐料加工而成。

大约在二十世纪六十年代初期，当地政府为了缓解当时发生的灾荒，我们老家的居民户也能分得少量的自留地，种些番薯之类的杂粮作物，这多多少少减轻了像我家子女较多，且又都在长身体的时候这样家庭的粮食紧张程度。

我家自从有了块约半个篮球场大小的自留地后，每年都会种些番薯和土豆等。我从十来岁开始也会和姐姐哥哥们一起在自留地里劳动，帮着抬抬粪桶和甩甩番薯藤。

番薯收来后，除了烧番薯粥和刨成番薯丝掺在大米里烧番薯丝饭吃之外，母亲还会把一部分番薯做成番薯糕干给我们平时充饥或当点心吃。这其中母亲做的芝麻番薯糕干令我百吃不厌。

母亲做番薯糕干时，首先会挑选既不太老又不是太嫩，个头硕大、无虫蛀这类质地比较好的番薯做原料，洗净削皮后，放在大锅里，经过几个小时的烘烤，番薯内的糖分得到充分释放。取出后会留下一部分既香又甜的番薯糖浆。每当此时，我总会倚在灶头边，等着母亲舀给一碗番薯糖浆，慢慢地边品边喝起来。有时为了能喝上这碗犹如琼浆玉液般的番薯糖浆，哪怕在灶台边等上半天也没心思出去玩。

然后，母亲把烤熟的番薯放回洗净后的大锅里，用锅铲不断地碾压。当碾压成番薯泥状时，放入适量事先炒制好的芝麻和些许晒干后切成短丝的橘子皮，与番薯泥拌在一起进行充分的搅拌碾压，使它既细黏又均匀。

搅拌均匀以后，母亲会就地取材把衣柜的抽屉掏空，在上面铺上一块洗干净的白被毯，然后将番薯泥倒进里面挤压，定型成一个抽屉似的形状。取出以后再把它们分切成小块，直至切成每片厚薄均匀与饼干差不多的糕干片。

最后，把切好的每片糕干片整齐有序地排在竹编的番丝笠上晒干。为了保证番薯糕干有好口味，母亲总是要挑能连续几天晴天的时候来制作番薯糕干。如遇到下雨天，番薯糕干不能一朝晒干，就会还潮发霉。还潮发霉过的番薯糕干即使后来再晒干，炒熟后也会粘沙硌牙，且吃起来既有霉味又涩口。

晒干的番薯糕干收起来后，存放的器具也很有讲究。如不密封，它就会还潮，炒熟后也会变得涩口。但那时条件有限，家里也没有其他合适的器具来放置，于是母亲就把父亲厂里废弃的空油漆桶拿回家，先用掺和些煤油的木屑使劲擦，然后用纯木屑把它擦干净，待里面的气味完全挥发后，再用清水洗了又洗，把它洗得干干净净，直至闻不到有什么异味，然后用来装填芝麻番薯糕干。

一有时间母亲会取出一些晒干的番薯糕干放在锅中用细沙子进行焙炒。随着母亲手中的阵阵的锅铲声，芝麻番薯糕干的喷香味也随之飘溢而出。那时我经常会禁不住这种喷香味的诱惑，等它一出锅，还没等滚烫的芝麻番薯糕干凉透，就抓上几片迫不及待地往嘴里塞，往往被烫得龇牙咧嘴，但更多感到的则是它的香气和脆甜。

待炒熟的芝麻番薯糕干经凉透后，再放回原来的油漆桶里。由于油漆桶的密封性能好，芝麻番薯糕干放进去以后，一般不会还潮。如按现在的要求，这是很不环保的，但鉴于当时的社会境况和我家的经济条件，也是个不得已而为之的办法。

那个年代，我们平常几乎是不可能吃上像饼干之类这种算是奢侈品的食品的。母亲做的芝麻番薯糕干就是那时候我们拿来充饥或当零食的最爱。每天放学回家，我们总是先抓上一把又香又甜的芝麻番薯糕干，边吃边跑到家附近的灯光球场去玩上一会儿篮球。

多少年过去了，有时偶尔看到市场上的番薯糕干，总会买上一点。嚼在嘴里，虽然味道远不如母亲做的蹦脆和香甜，但它总能使我的脑海里浮现出当年母亲系着围裙，站在灶台边，一边不断地擦着脸上的汗珠，一边使劲地用锅铲碾压着锅里的番薯泥做芝麻番薯糕干时的情景，似乎能多多少少回味起当年母亲做的芝麻番薯糕干留给我的味道。

## 母亲的家常菜

小时候，我们家里人口多，靠国家发的粮票所供应的粮食来填饱肚子已经是相当困难，更不要说平时吃的小菜能有什么大的讲究了。所以，母亲每天去菜场总是买一些萝卜、青菜、大头菜之类的比较便宜的菜蔬作为日常菜肴，再把咸菜、腌冬瓜、咸泥螺、海蜇头、咸带鱼、咸炝蟹等一些腌制品或咸货作为长年小菜。

可能现在的年轻人会想，像咸泥螺、海蜇头、咸带鱼、咸炝蟹等在酒店里是属于高档冷盘小菜，一年到头能吃上这样的菜还有什么不满意的。殊不知，当年的这些腌制品或咸货，为了节省一点开销，都腌得极咸，以致难以进口。而且这些腌制品或咸货一般存放的时间比较长，吃起来感觉很涩口。根本不像现在的咸带鱼、咸炝蟹，腌上几个小时或一个晚上就食用了，而且咸度适中，味道当然好吃了。

又比如，过去的咸泥螺，都是放上许多盐，吃一只，就咸得要命。而现在是不但咸度适中，而且添加白酒、米醋、白糖等调味品后，再在食用时，放入姜丝、蒜末等一大堆佐料，这样精心制作出来的东西，不好吃才怪了呢。

平时，禽蛋肉类在我家的餐桌上是稀罕物。猪肉一个月难得能吃几次，鸡蛋也就是拿上一个打成一大碗的蛋汤，一家人只能各吃上几口。像鸡肉等只有在逢年过节的时候才能享享口福。

遇到我们兄弟姊妹中哪个过生日，母亲会做一个白煮蛋，算是作为生日的礼品了。

而对于我，也有过特例。一是在我十来岁的时候，扁桃体经常发炎，好像一两个月总会有一次，有时化脓后还会发烧，母亲老是陪我上医院打青霉素。而每逢喉咙痛，再加上发烧，自然就倒了胃口。这时，母亲就会到菜场买几条新鲜的小寨鱼。虽说那时候这些小寨鱼只有两三角钱一斤，几条也就是几分钱，但在当时不算便宜了。这样的海鲜平时在我家的餐桌上是极少出现的。当母亲端着清蒸好的小寨鱼，来到床前，一股特有的鲜味扑鼻而来，顿使我食欲大振。有时候，就是拌着它的汤汁也能吃上满满的一碗饭。

后来，有时回老家，陪着家人逛菜场时，看到小寨鱼，我也会买点回去清蒸吃，但总感觉没有当年在我生病时母亲蒸的小寨鱼味道好。

二是因为我小时候可能发育比较晚，个头比同龄的孩子要小些。大概在我十三四岁那年的冬天，母亲花了血本，从菜场里买了半只羊。红烧好以后，放在一个大罐头里，每餐烧热后专门给我一人享用，以补补我屡弱的身子，好像足足吃了有小半个月。可想而知，当时的半只羊，要挤占全家人多少买菜钱，而这对我来说是一个多么大的福利。

直到现在，每每看到餐桌上的羊肉，我就会回味起当年母亲专门为我烧的羊肉味，同时心里总会油然产生一种对家人的负疚感和感恩之心。

至于时令菜蔬，也是要等到快要落市，价格便宜些的时候才吃得到。特别是海产品，也是挑便宜的品种买一些。比如海螃蟹，到了旺季时，因为那时候基本没有冷库，每户家里更没有冰箱，每天临近落市，卖不完就得扔掉，所以价格低的每斤只有几分钱。那时候母亲就会瞅准机会，多买点回来给我们吃上一些。

到了端午节前后，正是洋山时节，大黄鱼旺市，母亲则会在当天的菜场快要落市时，挑便宜的买条回来，煮成山粉米黄鱼汤给我们尝尝鲜。

当然，母亲平时更多的则是操劳着为全家人做家常菜。

记得有一种黄鲫鳓，全身长满细刺，在海水鱼中属于比较低档的，在平时市场上当杂鱼卖，价格就自然比一般的鱼要便宜得多。特别是等到菜场快要落市时，黄鲫鳓的价格就更便宜了。那时候，母亲就会多买些来，洗净晾干后，放在灶膛上烘熟。然后，把烘熟的黄鲫鳓存放在密封的器皿里。

虽然黄鲫鳓不像当时的小黄鱼、白鳊鱼这些鱼种高档，价格也差很多，但经母亲精心加工后的黄鲫鳓，喷香脆口，还带有一丝甜味，口感极好。平时既可当作菜肴，还可把它当作零食吃。

母亲做的家常菜给我印象最深的，还数土豆做成的几道菜。

在当年政府分给我家的自留地里，我们每年都会种上土豆。因为土豆不像其他的时令蔬菜，过几天就会烂掉，它可以保存两三个月甚至更长时间。

土豆刚上市的时候，青嫩、新鲜，母亲会用洋葱炒着吃，炒出来的土豆，甜而不黏，香味十足，煞是好吃。有时会烧几大碗，一是家里人口多，二是味道实在太好，好像总是感觉从来没有吃过瘾。

直到我后来下乡时，记得在自己自留地里的土豆收上来后的当天，一个人炒了一小锅，吃得个肚胀嘴噎。但感觉味道比母亲炒的还是差得很多。

土豆放久后，有时也会发芽，吃起来就会苦口。如按现在饮食的健康要求，也就会扔掉算了，但那时候肯定是不舍得的。这时候母亲会把土豆处理干净后，用盐温火慢烤，直至烤得表皮干瘪，稍显焦味，这样烤出来的土豆就不会有涩口的感觉，而且还有些许香味。

母亲平时做得最多的是土豆烧咸菜汤。在做这道菜时，她首先会在菜场挑选比较清口的咸菜，然后用清水烧煮。这种不放其他任何佐料做出来的土豆咸菜汤，特别是等它稍凉时吃，更是爽口宜人，百吃不厌。

至今，平时在家里我经常会烧上一碗母亲以前常做的土豆咸菜汤不说，就连有时在酒店里用餐，看到有这道菜，也总会点上一盘。特别是前些年我受公司委派，去外地搞项目，北到山西、南至广西，一去就是几个月、几年。如果当地超市有咸菜，就在当地买，如当地买不到，我也总是会从宁波带些邱隘咸菜去，就地买点土豆，叫厨师烧上一碗土豆咸菜汤。

公司里当地的同事吃了以前从来没有吃过的这种做法的汤，都说好吃得很。于是土豆汤也成了那里千把号人就餐的公司食堂的日常菜肴了。就是在境外的马尼拉、雅加达也是一样，一些当地老外尝了这种土豆汤也会竖起大拇指说：very good！

母亲做的这种家常菜居然能够走出国门，这使得我无论在天南海北都能回味到母亲曾经做的家常菜留给我的味道。

2017年3月

# 童钓趣忆

我的老家在山清水秀的浙东小镇丹城。镇西门头离我家不远处有一大口水井，大家都称其为"大凹井"。说是井，其实更是像口Ω型的大水塘，面积有将近半个篮球场大小，井的圆弧处还有高出地面半人的用石条石块铺砌而成的井栏。尤其是地面走到舀水处的台阶，铺的都是凿刻精致的大石条。"大凹井"水深且清澈。

记得在我六七岁那年的一天，我随两个姐姐去抬水来到了井边，只见水中有许多鱼儿在游来游去，不禁使我萌生了捕钓的念头。回到家里，我偷偷地准备了一条小竹梢，扯了一段棉纱线，用一枚大头针拗弯后当作钓钩。一副钓具装备完毕后，吃过中饭我就瞅准机会，溜出家门，连蹦带跳地跑到了井边。掘了条蚯蚓当作鱼饵后就迫不及待地将鱼钩抛入了水中。殊不知清水之中大多鱼儿一见人影就飞快地游开了，全然不谙钓道的我，还一个劲地围着井边跟着鱼儿追逐着。但我追得越快，小鱼儿则游得更快。虽然也有几条胆大的呆头鱼，偶尔也会来碰碰鱼饵，但要使其上钩简直是难上加难。一番碰壁后，慢慢地我也悟出了一点窍门，还是改强攻为智取，采取较为隐蔽的办法来悄悄地靠近鱼群。果然，鱼儿开始不再慌张。不一会，总算有条拇指大的鱼儿咬住了鱼钩，我连忙使劲地将鱼竿往上一提，鱼儿被甩得老远。我赶紧奔过去，鱼儿已不会动弹。拾起它就往早已准备好的玻璃瓶里放养，无奈鱼儿被摔得太重，放进瓶子就"翻白"了。后来如法炮制，时有鱼儿上钩。不知忙乎了多少时间，钓兴正浓时，只听有人呼我小名，回头一看，只见站在身后的母亲，脸上挂满了焦急和责怪的神情。我赶紧知趣地收起鱼竿，慌忙拿起战利品——玻璃瓶里的七八条小鱼，跟在母亲后面一声不响地回到家里。此时，天色已渐渐暗了下来。

吃晚饭时，母亲已将我钓的几条小鱼清蒸后放在我的面前。望着母亲板着的脸孔，在她的喝令下，我惶恐地将鱼儿吃了。晚饭后，担心挨打的我提心吊胆地早早就脱了衣服上了床。果然，母亲推门进来，掀开我的被子，喝令我脱掉裤衩，拿着已被折断的钓鱼竹梢，将我着着实实地抽了一顿，边打边警告我以后不准独自一人偷着跑出去钓鱼。

经大姐的求饶，我被拉进她的被窝。大姐一边揉着我屁股上一棱棱被抽起的疙瘩，一边数落我道："这么小年纪，怎能独自跑到大凹井里去钓鱼呢，多危险，真把姆妈急死了，以后千万别再惹事了。"第二天早上醒来，大姐说："挨了打，夜里还要偷偷地发笑。"要知道，在当夜的梦境里，我还不时沉浸在白天的钓趣之中。

过了不久，我们便搬家了。新邻居刘叔叔，恰是位垂钓好手。每每看到他拿起鱼竿出门和提着沉甸甸的鱼篓凯旋时，我就免不了心动手痒一番。几次和刘叔叔串通，想央求母亲开恩能允我"重操旧业"，但一想到屁股上曾留下的教训，到了母亲那里又总是欲言又止。

一天，刘叔叔背起鱼篓，拿着两根鱼竿，临出门时，笑眯眯地向我招了招手，当我心领神会地望着一旁的母亲，露出恳求的期待目光时，母亲终于恩准道："去吧，一定要听刘叔叔的话，千万注意别被大鱼拖进河里去。"从此，垂钓便成了我业余生活中的一大爱好。

尽管后来我的钓具装备早已"鸟枪换炮"，也曾碰上过在单位组织的一次钓鱼比赛中囊括总重、尾数和单重三项第一的"水花大运"，但在四十来年的垂钓生涯中，若问我印象最深刻的，还是那童年的钓趣。

2003年3月

# 一个公社老书记的故事

光照叔是我母亲在象山东乡黄避岙老家的一个远房亲戚，也不知怎么地，我喊他为叔，而他却称我妈为嬢嬢，即姑姑，可能是远房的原因吧，辈分有点搞不清楚，反正习惯了，就一直这么叫着。他的大名叫徐光照，二十世纪七十年代前后一直在象山东乡的公社和区委工作，担任过公社书记和区委领导。这在当时老百姓的心目中，算是一个不小的官职了。但光照叔为人谨小慎微，说话总是轻言慢语的。中等的个子，瘦弱的身材，在大家的印象中，他是个勤勤勉勉、厚厚道道听组织领导话的实在人。

在他担任公社、区委领导期间，经常到县城开会，抽空便会来我家坐坐。由于众所周知的原因，那个时期经常发生一些有悖常理甚至如今看起来很荒谬的事情。当时报纸上经常宣传全国上下形势一片大好，而且越来越好。他作为一个长期在农村工作的基层干部，最了解下面的情况，深知实际情况并非如此，因此，心中的疑惑、迷茫，甚至不满可想而知。而他又是个唯组织领导是从的人，对一些事情看在眼里，一般的场合也只会憋在心里。但因与我家的私交关系，在唠家常的同时，有时也会说起他在基层看到和碰到的事情，小心翼翼地谈些对时局形势的个人看法。其中流露更多的是对上头政策和一些做法的不理解和时局发展的担忧，对无法开展正常工作的无奈、惆怅和彷徨，同时充满着对农村群众的同情之心。

光照叔是个做任何事情都不敢越雷池半步的规规矩矩的老实人。记得1975年我下乡插队那年，根据当时的规定，是按照我父亲所在单位划片确定插队区域的，所以我只能到偏远的西乡去落户。由于当时光照叔担任书记的公社离我家相对近些，为此，我母亲便找了光照叔，请求他能帮忙，把我放到他所在的公社去。更主要的是希望有他在，以后抽调工作、上大学都好有个照应。虽然母亲深知以光照叔的脾气秉性，办成此事的可能性不大，但还是抱着一线的希望去找了他。果然不出所料，此事终未办成。而我那脾气向来不太好的母亲，这事如果换作别人，肯定会被她挤兑、责怪得不得了。而这次母亲回来后，却只是轻描淡写地说道，他是个老实人，胆子小，不怪他。

光照叔对亲戚朋友是这样，对自己的家人也同样。光照叔和妻子有三个女儿、两个儿子，这在二十世纪六七十年代也算正常。除了光照叔本人是国家供应户之外，他们家其他人都是农业户口，也就是当时所说的农购户。按理说，以他当时的身份，安排个把子女到社队办厂子里工作应该说是很正常，也是轻而易举的事情，但他一直没有这样做。光照叔的妻子尽管私下里也对光照叔的做法心有不满，但多年的夫妻深知对方的脾气，所以她更多的也只是埋怨几句而已。光照叔这样做，并不意味着他对子女的不关心和不负责任，当年政府的子女可以顶替父母就业的政策一出台，还在领导岗位上的他，为了给小儿子安排工作，二话不说，就办理了提前退休。

光照叔的妻子叫春苗，我叫她春苗嬢嬢，也是个老实本分的贤妻良母型的女人。当时光照叔是国家干部，有固定的工资收入，所以，与当地的村民们比起来，条件稍微好一些。但光照叔一心扑在工作上，长年顾不了家。一家老小的衣食住行、小孩上学、照顾公婆等家务事几乎全由春苗嬢嬢张罗。她还要干自留地的地头活，喂养家禽家畜等。一年到头的忙碌可想而知。由于多年的操劳，终积劳成疾，年仅59岁就得了不治之症。面对病重的爱妻，光照叔痛心不已。妻子一直来为这个家吃苦操劳，付出得太多太多，本想而今儿女都已成家立业，家里的日子也好过了，想不到妻子在老两口本该享享清福的时候却要离他先去。为此，光照叔央求医生说，无论花多少钱，哪怕是倾家荡产，只要能够挽留妻子的生命，他都愿意。但人虽有情，病魔却无情，他的妻子最终还是带着对光照叔和家人们的无限眷恋撒手而去了。

妻子的去世，给光照叔的打击是可想而知的。尽管以前光照叔长年在外工作，两夫妻在家聚少离多，两人又都是性格内向、不善言谈的人，但他们老夫妻之间的感情却是十分纯真和极其深厚的，也是无论什么东西都替代不了的。所以，在妻子去世后的很长一段时间里，光照叔的内心总是摆脱不了对妻子的无尽追思和怀念，他的精神世界从此少了许多依托，生活也变得暗淡无味。为了使他能从对亡妻的深思中走出来，几个子女都对他予以格外地照顾关心。

光照叔在职时身为国家干部，虽有固定工资，但作为基层领导，收入本来就不高，再说上有老、下有小，一家十来口人的生活水平也是极其一般。但光照叔在担任公社、区委主要领导期间，曾先后两次把给他加工资的名额硬是让给了其他同志。

如今光照叔退休已有30多年了，按照公务员的退休待遇，每月的退休工资也从原来的一两千元提高到了现在的五六千元。除了过年逢节给孙辈们一些压岁钱和相当有限的亲朋之间的人情交际费用之外，在物质生活方面还算是过得富足。但作为长期在农村工作的基层干部，光照叔深切地了解农村老百姓的现实生活状态。他退休后一直居住的老家象山东乡，虽然在改革开放以来特别是近些年社会、经济发展较快，当地农村老百姓的生活状况有了较大的改善，但部分村民舍不得花钱看病、看不起病，有些家庭的小孩读不起书的情况还是相当普遍的。目睹这些，他经常会把自己与身边差不多一起长大的村民伙伴们做比较，认为无论在过去还是现在，他们都比自己要辛苦得多，而现今自己的待遇却远比他们要优厚得多。为此，光照叔的内心时常会有一种负疚感。有时来我家，他私下里会对我母亲讲，与当地的老人们相比，他现在每月拿那么多钱真是有点罪过，甚至还抱怨这是多么的不公。

自退休特别是妻子过世后，或许是出于一个老党员干部为人民服务的宗旨意识和政治觉悟，又或是他信奉的乐善好施的理念，或许还有为了减轻他自认为的那种负疚感，但更主要还是出于一个好人的本能，多年来，每逢遇到村里村外哪家有人看不起病，或是哪家孩子上不起学，光照叔都会送上几十、几百。如碰到村里修个桥、铺段路这些公益事情或遇到四川、云南等地大地震时，他则会成千上万地捐。这样长年累月捐助下来，剩下的积蓄也就不多了。他自己每月的生活费用极少，每天过得还是粗茶淡饭的简朴生活，穿的还是那几套已有多年早已过时的咔叽布料中山装。现今光照叔儿女们的家境都还可以，孙辈们大多也已长大成人。再说儿孙们反正早就知道他的为人和脾气，也不会就此说什么。村民们当然记得他的好，被他的善举深深地感动着。所以，村民们经常把自产的一些时令蔬菜和瓜瓜果果送给他。

　　由于我长年在外工作，一年到头仅逢年过节回几趟老家，与住在乡下又不太走动的光照叔已有好多年未曾见面，以上一些事情大多是从我母亲及光照叔的儿女们那里了解的。如有机会，还是很想去看看这位好党员、好人，我的好亲戚——光照叔。

2011年5月

# 恰同学少年

　　——写在象山中学1974届高中五班毕业40周年同学会之际。

　　**2014**年5月2日，鲜花盛开时节，象山中学1974届高中五班的五十几位同学相聚宁波月湖之畔的华侨豪生大酒店，举行了高中毕业四十周年同学聚会。我们尊敬的班主任蒋老师和冯老师、徐老师、罗老师也参加了这次聚会。

　　2日上午，在老班长智群的带领下，居住在象山的家鲁等36位同学分乘多辆轿车来了；家在杭州的学基、建勤来了；在外省市的泉誉、爱国也来了。在余姚的阿坚第二天也赶来和老师、同学们见面。

　　常住在宁波的晓晔、敏娟、亚萍、永辉、卫峰、定元、建达、建新等，作为东道主就更不用说了，他们不但早早就来到了活动场所，还一边热情迎接各路而来的同学们，一边张罗着活动的各项事务。

　　四十年时光荏苒，弹指一挥间。当年还是十六七岁的少男少女，而今大多数已成了爷爷奶奶、外公外婆。尽管生活的操劳和距离的阻隔，好多同学已多年不见，有的甚至毕业后四十年一直不曾相见，但大家见面后竟一见如故，几乎都能直呼其名。同学之间的情分使大家一见面就显得格外亲切，纷纷回忆起了当年高中时学习和生活的点点滴滴。

　　四十载的岁月犹如流水冲荡，使得本是同班的同学而今都成了"散兵游勇"，但在还保持着那份老练稳重的老班长智群的组织下，大家顷刻就成了一个有序的团队。当日中餐后大家前往宁波三江口拍了同学会集体留念照。下午3：30在豪生大酒店举行了象山中学1974届高中五班毕业40周年同学座谈会。

智群首先对各位老师和同学能参加这次同学会表示热烈欢迎，同时对热心筹办此次同学会和给予资助的卫峰、雄波、家鲁、永辉、定元、忠祥等同学表示了衷心的感谢。

几位老师先后发言。老师们初衷如故、童心未泯、诙谐幽默的发言，把大家的思绪仿佛又带回到了当年书声琅琅、紧张活泼的高中课堂，上课的情景顿时浮现在了大家的眼前。讲台上，为人中规中矩的蒋老师，手拿木制的圆规、三角尺向同学们推导抛物线求根公式的那种专注，使我们懂得了什么叫严谨。无论是形象还是神情都颇像鲁迅先生的冯老师，在为我们吟诵《为了忘却的纪念》中那首"惯于长夜过春时，挈妇将雏鬓有丝。梦里依稀慈母泪，城头变幻大王旗。忍看朋辈成新鬼，怒向刀丛觅小诗。吟罢低眉无写处，月光如水照缁衣"著名诗词的那种抑扬顿挫，令我们对鲁迅的作品印象深刻。徐老师的和善笑容就如同他的画作，是那么的赏心悦目。我至今还记得徐老师利用业余时间为我而作的肖像画。听罗老师的讲课简直是一种享受，一堂物理课下来，哪怕是未曾记住一个深奥的公式，但罗老师的英俊潇洒，尤其他那一口既标准又流利的普通话和极富磁性的嗓音，可与中央电视台的名嘴赵忠祥、白岩松媲美，不禁使人为之倾倒，当时肯定也赢得了不知多少女同学的倾慕与芳心。

老师们在发言中表示，当年我们五班的同学们无论是在学习还是在总体素质方面都给他们留下了比较深刻的印象。对同学们毕业后在工作事业方面取得的成绩也给予了赞许。同时，几位老师还就如何安度晚年生活、教养小辈，做到老有所为、老有所乐，向大家传授了他们的心得。

蒋老师、冯老师、徐老师、罗老师都在象中任教直至退休，蒋老师现居象山，冯老师现居宁波，徐老师也居象山，但时不时偕夫人去杭州看看女儿女婿及双胞胎外孙。罗老师在二十世纪七十年代末调到宁波工作，现退休后仍居宁波。如今这几位老师都过着幸福的晚年生活。

随后，我们五班引以为豪的"文胆"学基率先发言，现已为正厅级官员的他平时还热衷于诗歌创作。作为诗人在这种场合，理所当然会诗兴大发，他即席给大家朗诵了专门为这次同学会所作的《永远的五班》。在他那声情并茂的咏诵中，我们的目光再次聚焦，我们的思绪再次攀缘，大家深深感受到了我们五班学子的豪迈之情。

同学们对老师们当年的教诲表示了深情的谢意，同时纷纷畅谈了在高中毕业40周年后能参加这次同学会的感受，相互介绍了高中毕业以后各自的学习、工作和生活经历。同学们高中毕业后，大多都经历了下乡、工作、结婚、生儿育女、娶媳嫁女的人生常规五部曲。而今女同学一般都已退休，男同学则基本上还在上班。全班绝大多数同学现都当爷爷奶奶、外公外婆，抱上了孙子孙女、外孙外孙女，还有的孙辈都已快上学了。像我这样的儿子今年才二十四岁，还在国外读研，至今尚未婚恋的情况，可能也是为数极少的了吧。

我们五班的大富豪卫峰不但财富充盈，而且心态极好，目前已将自己的公司业务全都交给了年轻人打理。自己则回丹城租了一片山地，过起了田园生活。

学基等一部分同学目前仍在机关事业单位上班。永辉等几位还在银行系统工作。建新等几位同学还在各地公司上班。友祥、佩良两人则在打理自己的生意。阿潮现在秧田头村当书记；当年班里的"十大天王"中个头最瘦小的志初，早已变成了人高马大的大块头，由于中老年人常见的"三高"身体原因，近年来大多闲赋在家，但有其店面房子等方面的投资回报，再有儿子媳妇都在银行工作，也很孝敬，所以日子过得也挺滋润。万祥同学则已经退休。

女同学中的蓓蕾等几位在退休之后仍还在上班。也萍退休后发挥余热，在为"老大"的大妈大爷教跳舞。而建勤等大部分女同学都在退休后或自得其乐，或为儿孙们操心忙乎着。

在同学们经历的人生轨迹中，尽管有的相对平坦，有的显得坎坷些，但绝大部分能通过自己和家人的努力，目前都过着衣食无忧的小康生活。

由于当时社会发展的状况，我们班上的大部分同学在高中毕业后就下乡插队或参加工作，未能读上大学。但他们绝大部分的子女几乎都接受过高等教育，有的还到国外留学，且都较有出息。

现今同学中，有的已官至县处、省厅，有的则至今仍是一介平民；有的如今腰缠万贯，有的则清贫一生；有的现在还健壮如牛，有的则已身残体弱；有的家室鼎旺，有的则孑然一人。尽管各自走过的人生轨迹不同，但有一点是值得我们自豪的，这就是在我们象山中学74届高中五班这个集体中，现在没有一个人在"里面"，至今也不曾有一个人"进去过"。这足以说明老师对我们的教育有方，同时也说明我们每一位同学都是能够给我们的社会带来正能量的人。

还有难能可贵的是，我们的同学在平时的生活和工作中，凭着同学的那份情谊，大家相互之间都能真情相处，热情相待，互帮互助。两年的高中学习生活，虽然短暂，却给了我们太多太多的回忆。青春的记忆固然美好，而同学间的情谊更为珍贵。回眸走过的岁月，都无时没有老师和同学们身影的陪伴。无论是在生活中还是在工作上，都无不得到过诸多老师和同学们的帮助与支持。

许多同学家的客厅里有家鲁专门为补壁而作的山水画；象山的哪位同学及其家人平时身体稍有不适，总是会想到去人民医院找忠祥帮忙；同学们到省城办些要紧事情，学基总会尽力出面联系协调；县里有什么事情，老班长智群就会出面协助；在丹城碰到一些七七八八的琐事，阿桥、阿初等同学们总会热情相助；逢年过节，卫峰、永辉经常会叫上一帮同学到他们府上享受一番美味佳肴。在宁波的一些同学就更不用说了，永辉、卫峰、定元、建达和敏娟、晓晔等，经常几户人家凑在一起，吃餐饭，叙叙旧，分享和分担各户人家的快乐及烦恼。如哪一位同学娶媳嫁女，一些平时要好的同学就会送上大礼，凑吃喜酒。就是闲来无事时，也会凑上几个老同学打打老K，搓搓小麻将，拔拔小十三。这种同学之间的情分是最值得珍视的，也将注定会陪伴我们走过一生。

　　高中的两年，在人生的长河里虽然只是短暂的一段，但是，有些事情却是值得我们受用一辈子的。同学们至今还记得当年冯老师所说过的话，他在教每届语文课中同样一篇文章时，从来不用甚至看也不看以前用过的教案，而是每次进行重新编写，这样总会对同一篇文章有更新和更深的理解，从而与同学们分享。这使同学们深情地感受到，正是老师们的这种精益求精的工作作风和谆谆教诲，始终鞭策着我们在告别中学时代后的人生道路上认认真真地去对待每一个人、每一件事。

　　5月3日，大家前往北仑游览了玫瑰园。中午，卫峰请大家饱餐了一顿。

　　少年的欢乐，少年的烦恼，已成回忆。岁月的消磨，使得我们不再风华正茂；生活的打拼，使得我们从此各奔东西。月有阴晴圆缺，人有悲欢离合，此事古难全。相聚虽然短暂，但愿同学少年的情谊长存。

　　由于种种原因，守忠等7位同学未能参加此次同学会，希望以后能有机会相聚。

　　我们的惠凤同学因故早逝多年，祈愿她在天堂能够安享逸乐。

　　我们已经从少年走过了青年和壮年，并即将进入老年，愿我们大家更加珍视生命，热爱生活。

　　祝我们的老师健康长寿！祝我们的同学生活愉快，工作顺利，家庭幸福！期待我们在高中毕业四十五周年、五十周年、六十周年的同学会上再相会！

何建平

2014年5月3日晚

第二辑

知青岁月

# 知青岁月

## 下乡前的插曲

1974年我象山中学高中毕业，当时我家的兄弟姐妹中，大姐已在农村插队落户，哥哥去了外地工作，我的二姐则安排在老家象山的一个大集体企业工作。按那时候的政策，我去农村插队落户是迟早的事情。在等待下乡的这段时间里，我先后跟了一个远房亲戚和父亲的师兄弟学做了一年左右的木匠。

我当初能到梅溪插队落户，其中还有一段小插曲。

1968年底毛主席号召知识青年到农村去，接受贫下中农的再教育，开始的时候，仅是老三届那批初高中学生，到了七十年代开始，范围基本上已经扩大到了全部的城镇青年。按那时候的政策，不管一个家庭有几个子女，只能留一个子女安排在父母所在地单位参加工作，其余的都必须去农村插队落户。所以，我去农村插队落户无疑是铁板钉钉的事情。

像父母在政府部门工作的家庭，凡是要上山下乡的，无论大人小孩，不管怎样也都表现得比较自愿积极。而有的一些家庭就抱着能拖则拖的消极态度。所以，政府采取了积极自愿的先走，然后工作做通一批走一批的办法。

还有，由于下乡插队的人数多了，为方便安置，当时丹城城镇户口青年下乡插队的地点，一般都是按父母的工作单位或按户口所在地划分下乡区域。当时我父亲单位职工子女下乡插队安排的地方是西乡的西周公社。

　　而我的情况却是个特例。因为在我的少年时期，不但身材瘦小，且身体一直比较弱。十四五岁之前一年到头有两种病经常困扰着我。一是每到夏天，双手和双腿的皮肤总是会到处生疮化脓，厉害时会引起大腿部的淋巴发炎。听母亲说，这是在我小时候出麻疹时落下的毛病。二是一两个月内喉咙里的扁桃体总要发炎一两次，严重时化脓后还会发烧。这两种病尤其是喉咙的毛病在下乡前后仍然如此。

　　为此，母亲怕我这样的身体，下乡去肯定吃不消，所以也就抱着能拖则拖的态度，能拖一天是一天。这期间，为我下乡的事，母亲托求一些亲朋好友想尽了办法。当时我家有个远房亲戚光照叔，在我母亲老家东乡的一个公社担任书记。为此，我母亲便去找了光照叔，请求他能帮忙，想把我放到他所在的公社去。因为那里离丹城相对近些，更主要的是希望有他在，以后抽调工作、上大学都好有个照应。但光照叔是个一切按照组织要求和政策办事，不敢越雷池半步的规规矩矩的老实人，对这种有走后门之嫌的事情是不会也没有胆子去做的，结果此事终未办成。

　　到了1975年中，与我同届的同学基本上走得差不多了，眼看实在顶不过去了，再说我父亲在单位里又当着厂长，自己不以身作则，其他职工家长的工作也不好做。父亲又是个听组织话的老实人，所以与厂里的书记一道多次做母亲的工作，叫我早点下去。终于在那年的8月份，我在父亲和我大叔的陪同下，到父亲单位职工子女下乡插队安排的地方西乡西周公社的大坑大队去看了看。记得我们是那天下午去的西周大坑，还在那里的一个大队干部家里住了一个晚上。不去还好，去了以后一看，真是觉得好偏远。尤其是到了晚上，那里还没电灯，黑咕隆咚地躺在床上，感觉特别的迷茫和沮丧。回家后的情绪之低落可想而知，母亲听了一些情况后更是又难受、又担心。

　　说到这里，我不得不说说我的大叔。那时我的大叔与我父亲一样，也在县城的一个厂里当厂长，应该说在当时的县城里也是多多少少有点路子和面子的人。然而，虽是亲兄弟，但他们的性格差异较大。我父亲是个比较内向，不善于与人打交道的人，从来也不会利用自己手中的一点权力，为家里弄点好处，更不用说去求别人帮忙了，所以平时也没有什么太多的朋友。而我的大叔，性格有点偏外向，按现在的说法是个整合和利用各种社会资源能力较强的人，因此他的朋友远比我父亲要多。所以，我家平时有什么要解决的要紧事情，也总是叫大叔出面帮忙。

大叔陪着我们从大坑回来后，也感到我去那里会艰苦些。再加上我母亲的唠叨，于是他通过几个朋友的帮忙，想办法与梅溪的大队干部接上了头。刚好我们当时的几个邻居有在县府里工作的，平时与我家的关系也很不错，于是在母亲的央求下，他们与有关部门打了招呼。再说，县知青办当时也是能下去一个是一个，只要完成指标就行了，就同意对我下乡插队的地方做了调整。这样，我才下乡插队到的梅溪。

下乡前，到县知青办领了发给我们每个知青的一些家具和农具。其中家具有一张铺板和搭床用的两条小长凳；一张两斗桌；还有几块木板，我们自己做了一只木箱子。发的农具则是两只粪桶。

## 当年的梅溪概况

1975年9月15日，这是我一生中难以忘怀的日子，我作为知识青年到梅溪大队插队落户。那天上午，我在我大叔和他的几个朋友的陪送下，来到了梅溪大队。也是经我大叔的朋友介绍认识安排后，落户在第二生产队我的"三同户"（注：知青在上山下乡插队落户时住在一起的农户，"三同"意为同吃、同住、同劳动）阿刚叔家。

梅溪，因古时村内溪旁梅树成林，以此得名。梅溪大队当时隶属于象山县林海公社。位于我老家象山县城丹城镇以东，东邻后山大队，西接姚家山大队，北靠枫树台山，南面的邱家庙往南便是包括六亩松等大片稻田。再往南就是林海公社的所在地大碶头，直到最南端柴嘴头海塘外就是海了。

由于梅溪北边全部是山，当时就建有太婆坑、梅树坑山塘、洞龙坑、西河潭、犸狸坑等大大小小的水库，村内纵横环绕的溪流，长年潺流不息，水系发达，水源丰富。

当时梅溪大队划分为六个生产队，东南角下邱家一片的为一队；南边瞭头墩一片的为二队；北边一片的为三队；中间一片的为四队；上西路一片的为五队；下西路一片为六队。

每个生产队在二三十户不等，全大队人口大约在千余人左右。

二队为主的邱姓，三队、四队为主的张姓和袁姓为大队里的大姓。当时的梅溪大队在附近无论人口，还是地域及生产总量方面都是规模较大的。

当时，梅溪大队干部的核心人物有三个。一个当然是大队支部书记了，此人姓黄，由于是单名，所以几乎全大队社员平时都在他的名字后面加书记称呼他，而我们知青则一直称他为黄书记。黄书记在土改时单身一人流落到梅溪，在当地没有什么亲戚，后来娶了个拖儿带女的寡妇成了家。

黄书记虽然他文化程度很低，但政治觉悟较高。会吆呼，不怕得罪人。所以，一般情况下在大队里能压得住阵脚，像他这样的人担任农村基层的领导干部是很普遍的。

另一个是大队支部副书记，我们都叫他友祥叔。其实此人是个重量级的人物。他在五十年代末期就担任过公社书记兼民兵师长，还出席过全国民兵代表大会，按现在的话来说应该是一个体制内的人。但由于种种原因，他后来居然回到了梅溪大队，担任了一般的大队干部。

相比之下，友祥叔无论是全局观念和理论水平，还是分析问题和解决问题的能力，与一般的农村基层干部相比，要远远超出一大截。再则，他说起话来耐心斯文，从不激化矛盾，所以在大家的心目中，他的威信很高。

还有一个就是我的"三同户"主人阿刚叔。阿刚叔虽然是个地地道道的农民，但在他的身上有着许多一般农民所不具有的特点。

他平时言语不多，但说出来的话一定是经过深思熟虑的，有其道理；做起事来踏踏实实，当时副业这块都是他在负责打理，需要经常与客户打交道，才能使厂里的业务得以较好地开展。为此，他经常到处去做那时叫"跑外勤"的供应销售业务。他大局意识较强，甘当配角，办事也比较公道。所以在大队里，威信也比较高。

平时，大队的一般事情都由黄书记出面咋呼咋呼，后面又有两位老到而且甘当配角的人鼎力相助，当时的梅溪大队有这几位领导干部，无论是在农业学大寨等各种政治运动中，还是在农业生产经营方面，在整个象山县的农村里都是走在前列的。

农产品除了水稻之外，梅溪的萝卜和甘蔗以及优质橘苗当时在县内外具有相当高的知名度。尤其是梅溪农民曾家家户户种萝卜，而且品种繁多，有车桩萝卜、鸭蛋萝卜，分夏收、冬收两批。由于水分足、糖分多、味道好，畅销丹城、爵溪市场。

当时梅溪大队的副业比县内其他地方要好得多。西河潭北边为主的一大片橘林，每年可为大队生产20余万斤优质无核橘。按当时的价格，每年收入就有几万元。还有在邱家庙开办了一家队办企业，当时就有20余台仪表车床，专门加工各类机器用的钻头螺丝。当年的产值比较高，仅此一项就为大队增加了好多收入。

所以在象山当地，其他一般的生产大队按照年底的分红折算，一个满分为10分的男劳力，出工一天的工钱也就值五六角。而梅溪大队农民的收入相对要高得多，10分劳力出工一天就有一块出头。

再说梅溪离丹城又近，所以，相对来说各方面的条件算是比较好的。我当时能到梅溪插队落户，应该说算是非常幸运了。

然而，由于当时整个社会经济的局限，梅溪虽然离丹城只有五里地左右，但当时还没有通上汽车，只有一条拖拉机能开的机耕路，甚至各家还没有点上电灯。

## 插队的主要经历

1975年9月中旬至1977年底两年多一点的插队时间，尽管不长，但还是给我的人生增添了许多难以忘怀的经历。

第一是参加生产劳动方面，我比较完整地经历了两次春耕、两次双抢、两次秋收，学会了拔秧、插秧、耘田、割稻、打稻等主要农活。但对于掌握这些农活的本领，对我来说，就像是在一场由大兵团参与的战役中，充其量也就是一个普通战士的一般水准罢了。而对我来说，最值得一提的应该是在挑担上练就的功夫。

当时，我们梅溪大队除了水稻以外，也种植了很多的橘子、甘蔗和萝卜等农副产品，而种植这些农副产品需要大量的粪料。当时，这些粪料的来源主要是靠到丹城里去买大粪来解决。还有，为了促进草籽生长，草灰是主要的肥料，撒在田里又能起到给草籽保暖的作用。所以，平时当田地里的农活稍闲时，队里往往会安排社员到丹城、爵溪去收集大粪、草灰。

当时要把这些大粪、草灰运回来，全靠肩挑。丹城、爵溪分别离梅溪五里、二十里远，尤其是到爵溪挑灰，还要经过陡峭的赵岙岭，一担大粪和草灰都在一百三四十斤左右。肩挑这么重的担子，要走那么远的路，中途还要翻山越岭，这对像我这样一个城镇里出来的年轻人来说，困难程度可想而知。开始的时候，我只能与生产队里那些十七八岁的姑娘一样，只挑一半左右的分量，当时自己感觉到很没面子。由于队里对这些肥料的需求量比较大，特别是到丹城去挑大粪，农闲时，隔三差五几天就会去一次。虽然，对我来说，每一次都是在经受身体和精神的折磨，但凭着年轻人的好面子，每挑一次，总是强迫自己增加一点分量，同时尽量减少途中的歇脚次数，经过两三个月的咬牙坚持，终于我能够像队里的正劳力一样，将满满一担粪，中途不歇从丹城挑到梅溪。可以这样说，这也是我在农村插队的两年，在所有单兵作战的主要农活中，唯一能达到当地正劳力同样水准的一项本领。

多年以后，与单位的年轻同事谈起这段经历，他们竟然戏称，他们宁愿相信我当过美国总统，也很难相信我当年能有这样挑担的体能和技能。想想也是，老实说，如果在年轻同事说这些话的时候，就是有人拿着枪顶着我的脑门，要我重现当年挑着一担满满的粪，疾步如飞的情景，那我也只能是举手投降，坐以待毙了。

在我插队期间，还有一件印象深刻的事，就是开挖南大河。那是在1975年底，象山县为兴修水利，决定开挖一条从丹城大河岸起自北向南贯穿整个南庄平原通海的称作为南大河的河流，以保障南庄平原防洪排涝功能。南大河全长6.5千米，宽度约为四五十米，有七八米深。当时发动了南庄平原四周的各个公社大队的社员参加，并按照各大队的人口规模，分别划定了十几米、几十米不等的开挖河段。有的是在原有的河道上进行加宽加深，大部分河段则是在农田上新开挖而成。

当时，河沿岸附近的社员每天都回家吃住，像我们梅溪大队的社员则挑着米和生产队自产的萝卜等地头货，带上篷布吃住在工地现场，过一段集体生活。

到了工地上，先安营扎寨，盘锅立灶，用篷布临时搭几个棚子，里面铺上稻草，十几个社员打通铺住在一起。

站在河堤上眺望当时的挖河场地，场面非常壮观，到处红旗招展，标语林立，大喇叭大声播放着振奋人心的口号和宣传稿，还有节奏鲜明的革命歌曲。一眼望去，黑压压的人群不计其数，人山人海，在十余里的河道里来回穿梭，大家在自己负责的区域内干得热火朝天。

当时开挖南大河，基本上都是靠人工。由于南庄平原很早以前都是海涂，几十公分以下大都是湿软的泥土，部分社员用铁锹铲起呈豆腐状的泥块，大部分社员则用专门制作的担具将泥块挑到离河岸几十米之外的地方。先从河两边的边缘开挖，然后像楼梯台阶一样一级一级地往下挖，挖到河底时，往上要挑二十个左右的台阶，一担泥块的分量在百把来斤，这对当时插队仅三四个月的我来说，吃力程度可想而知。虽然时值寒冬，但还是会累得浑身大汗淋漓，心里发慌，两腿打颤，双肩非常疼痛。即使这样也只能硬着头皮，咬牙坚持。

当时我们每天三顿饭统一由生产队提供，有专人给做饭。挖河是个力气活，为此一日三餐队里安排的都是干饭，尽管如此，每到临近中午时分，经过了整半天的至少是几十趟的上下坡挑担活，又累又饿的感觉真是苦不堪言。到了吃饭时，大家围在一起，或站或蹲，出的力大，当然饭量也大，记得当时中晚餐每餐能吃得超过一斤。至于菜就很简单了，说不上什么色香味，通常就是萝卜青菜，每人一勺，好在当时政府为挖河的农民特别支持了一些猪肉，尽管这些数量有限的肉，放在大锅菜里就更加少得可怜，但也多多少少能闻到一些肉腥味，所以，大家还是吃得津津有味。

中午吃完饭，放下饭碗就马上继续干，下午要干到实在看不见了才能收工。终于盼到下午收工，吃了晚饭，回到住处，往地铺上一躺，浑身酸痛。在寒冬季节里，经过了一个多月的风餐露宿，南大河挖河工程初告完成，非常单调、枯燥和乏味，异常艰苦和劳累的挖河生活终于结束了。挖南大河已经过去四十多年了，也已经成为我难忘的一段回忆，但我总觉得这段经历更是一种磨练。

现在的南大河水清景美，集生态、防洪、景观功能为一体，仿佛是镶嵌在丹城中的一条美丽的彩带，成了一处人水和谐的美丽河湖。

至于其他方面的农活，由于梅溪大队既有南面大片平原上的水田，又背靠枫树台山，山地较多，所以，除了种植水稻这个主要农活之外，其他各种的农活也比较繁杂。一些适合当地种植的，诸如小麦、甘蔗、萝卜、番薯、土豆、茭白、芋艿等农作物从种植、生长到收获的有关农活，还有上山砍柴，修筑海塘等，我基本上都经历过。但老实说，无论在对它们当中有些农作物的生长周期方面，还是干这些农活的技能和要领方面，我并未留下太深的印象，更别说了解掌握了。

比如种甘蔗。梅溪盛产甘蔗，是当地特有的一个品种，这种甘蔗的表皮为浅青又略带浅红，它的粗大和长度虽然不及外来的青皮或红皮甘蔗，但它那既脆又甜的口感甚受当地百姓的喜爱，尤其在当时的丹城市场上备受欢迎。几乎梅溪每家每户在自留地里都会种上甘蔗，十一月份左右，砍下成熟的甘蔗后，一部分即收即卖。而大部分的甘蔗，则被埋进田地里。一方面利于保存，另一方面更重要的是，经过冬天的霜冻后，甘蔗的口感会变得更加脆甜。过年前后，每逢农历一、六的丹城集市上，到处都可以看到梅溪的社员挑着一捆捆甘蔗来卖，这也成了他们自留地副业的主要收入之一。

但种植甘蔗是种既要有一定技术又非常费力的农活。首先是选苗、育苗。甘蔗种苗是很有讲究的，要挑选一些口感好、个头既长又粗的甘蔗作为种苗加以精心培育，这是种好甘蔗的前提条件。然后是施肥，当时给甘蔗施的肥料基本是大粪和氨水两种。用大粪施浇的甘蔗吃起来肯定比一般的要甜，而用氨水施浇的甘蔗则比前者的个头要粗长，还显得脆口些。要使甘蔗长得好，还有一个很重要的方面就是要勤浇水。甘蔗的主要生长期是在夏秋两季，那时正是少雨缺水的时节，中间又遇上长达一个多月的双抢，但那时的甘蔗地隔一两天就得浇上一次水。尤其是在双抢时节，经过了一天高强度的劳作，还要摸黑到附近的溪坑或水库挑水浇甘蔗地。可见，种甘蔗是一件多么辛苦的事情。

我在自留地里种过一季甘蔗，甘蔗的种苗是"三同户"叔叔送与我并帮忙下种的。但由于施肥和浇水等环节都不到位，所以，我自留地的甘蔗长得又矮又细，只能送到丹城给自己的家人和邻居们吃了。

由于插队只有比较短的两年时间，况且其中还有两个学期在乡校里代课，再加上我的个头和体质比较弱小，第一年队里给我评的分为5.8分，第二年也仅为6.5分，远远低于队里与我同龄的男劳力的分值。因为，在干农活方面，无论是体能还是技能，我确实技不如人，所以，我也没有去计较这些。

在参加生产劳动的过程中，我虽然承受着超乎想象的体力透支，同时也收获了不少人生感悟。

第二在生活方面。我到梅溪插队，落户在第二生产队我的三同户阿刚叔家。我在农村两年，其中一年左右生活在阿刚叔家里。阿刚叔和阿婶育有三男四女共七个子女，在我落户他们家时，担任大队妇女主任的大女儿已经出嫁，家里还有八个人。阿刚叔担任大队副书记，主要负责大队的副业工作；阿婶在家里操持家务；大儿子在大队里开拖拉机，有了对象但还没结婚；二女儿与我同岁，在大队仪表厂上班；三女儿还在乡校里上中学，二儿子、四女儿都在上小学；小儿子才五六岁还没上学。

我当时包括吃住都和他们家生活在一起，阿刚叔和阿婶就把我当成自己的儿子一样看待，有时照顾得比自己的亲生儿子还要好。在他们的眼里，我是城里来的孩子，要娇贵些，下放到农村，总是想着使我少吃点苦头。他们不但让我住在最好的一间朝南房子，平时有什么好吃的东西也总是让给我吃。

记得，那时候我和他们一家人早饭大多吃的是灶堂里煨熟的番薯丝粥。而阿婶在往瓦罐里放番薯丝前，总是先抓一把米放在罐底，这样煨成的番薯丝粥比一般的粥要香甜。阿婶还告诉自己的几个儿女，把罐底那一碗以米为主的既香又甜的稠粥让给我吃。那时她的小儿子才五六岁，且身体也不是太好，我吃的时候想到这些，也总是于心不忍，会把我碗里的稠粥匀些给这位小弟弟。

后来，搬进知青屋独自生活，比起在他们家里的日子，生活就更加艰苦了，但仍能时不时得到他们家人的关照。家里有什么吃的用的，他们总是三天两头给我送些过来。尤其是在双抢农忙时节，活重人更累，谁也不会讲究一日三餐吃些什么，泡碗酱油汤下饭是家常便饭，那时他们就会给我送些烧好的菜来，时不时接济我。

2018年10月，"三同户"的阿婶去世，我专门为她写了一篇悼文，整整一版刊登在宁波晚报，以表达我对这位把我当儿子一样的勤劳善良老人的追思。

这一年左右与"三同户"叔叔阿婶及其家人们的共同生活，使我能够如此近距离、如此直接、如此深刻地接触、了解、体验和融入农村农民的生活。同时，在我走向社会的第一步，就遇到了善良的阿婶他们一家人，给我的插队生活提供了很大的方便，更使我感念的是他们对我无微不至的关爱和深切的情谊。

下乡的第二年，我搬进了大队建造的知青屋，开始了一个人的生活。当时知青所住的一排屋子有十来间，除其他几间作为大队会计室和赤脚医生所在的医疗站等之外，我们六个知青，一人一间，我住西头第一间。屋子的北窗外紧挨的是一条路，路边就是山，有几座坟离我屋子也就十来米。西边几米外是一座老祠堂，知青屋与祠堂之间搭了一间我们知青公用的厕所。当时在村民们中传说这个祠堂阴气很重，夜里经常会有动静，闹什么鬼的，但可能由于我们这些年轻人不信邪，阳气旺盛，几乎每天在半夜里到祠堂墙边的厕所去解手，也从来没有感觉有什么异常的情况。

搬进屋时，请了我丹城老家邻居的一位泥工师傅，在屋内的东北角打了一个体积像现在家用的一台洗衣机大小的小灶。灶打得很有水平，平时使用起来，既省柴，又驱烟通畅。灶台旁放了一个小水缸，墙上挂了父亲亲手做的一个小橱柜，用来放置碗筷瓢勺和剩菜剩饭。

二十来平方米的屋子内，西南角搭了两条小长凳加一块铺板的一张床，床头边的南窗下摆了一张两斗桌和一条小方凳，床尾放了一只木箱子，西北角堆了些柴火和放了锄头、箩筐、竹杠、扁担等几样农具。即使屋内放了这些七七八八的东西，但站在屋子中央，还是给人一种空空如也的感觉。在南窗外一米多宽的屋檐过道里架了一根晾衣竹竿，在知青公用的厕所间里放了两只粪桶和一些柴火。

当时村里还没有用上自来水，好在梅溪村内溪流纵横环绕，日常的洗衣洗菜等十分方便。平时饮用水的水井，就在我们知青屋前面三五十米处，由于井边紧挨水稻田，水质有些浑浊，且有些泥浆味。但鉴于当时社会发展的经济条件和大众的生活要求标准，村民们对饮用水的品质都没有太大的讲究，所以，大家也就都这么用着。

在我们搬到知青屋时，梅溪的各家各户才用上了电灯，使我们多多少少感受到了现代文明的一些气息。

尽管屋内陈设十分简单，一些应付生活的起码必备的设施都很简陋，平时一个人住也显得比较冷清，但它毕竟是我一生中第一个真正属于我自己的家。

平时在屋前的空地里，我们会种上几株丝瓜等一些不用太料理的作物，当作补充的菜肴。插队期间，队里还分给了我一分半的自留地，在三同户叔叔他们的帮助下，在完成队里的劳作之余，种了青菜、土豆、茄子、豇豆、芹菜、菠菜等一些种植技术含量不高，又可以不用经常料理的农作物品种，主要是能解决日常菜肴就可以了。记得1976年也就是我插队第二年的立夏前后，我在自己的自留地里有了第一次收获，就是掘来了一小筐土豆。拿回家洗净去皮后，做了一大碗的红烧土豆，还撒了些许葱花。品尝着第一碗自己亲手种出来且香气四溢的盘中之餐，顿时使我体悟到生活的每一份美好都必须经过"汗滴禾下土"所付出的辛劳。

当时梅溪大队的三男三女六位知青，都来自丹城。小琪、小斐和我都是高中的同届同学，小娣、阿国和我又是在丹城同住一个弄堂的近邻，另一个阿祥的父亲当时是梅溪小卖部的店员。由于以前都相互认识，插队到梅溪又在差不多的时间，共同的知青命运使大家走在了一起，所以，平时彼此之间都能够相互照应，相处也比较融洽。

农闲时节，碰到下雨天，队里一般就不出工，难得可以休息。其他社员一般都会去自留地忙活，而我们这些知青和队里的一些年轻人则会聚在一起，聊聊天。大队里的赤脚医生是与我们年龄相仿的小伙子，大家有时也会在医疗室里玩玩扑克、下下棋，难得享受一下雨天歇工带来的轻松。年轻人在一起，有的是使不完的劲，也总会找一些有点刺激的事情来做。比如在春夏之交的下雨歇工天时，我们会约上队里的几个小伙子到村边与西河潭水库相连的稻田里摸来一大筐鱼，又是红烧又是清炖地大吃一顿。经历了一个多月的双抢，秋日的晚上，打完扑克，拿上手电筒去田埂、路边抓田鸡，然后，也会像好多知青都干过的到不知是谁家的地头上去摘一些豇豆之类的东西，与其说是当作充饥的夜点心，还不如说是缓解一下双抢带来的紧张和劳累。所有这些，多多少少给我们苦涩的知青生活增添了一些乐趣。

在知青屋度过的一年左右的日子，可以说是真正意义上的我在走上社会后开始的第一段独立生活。它使我切实感受和领略到了生活的不易与艰辛。

第三方面是在乡校的代课经历。我插队的梅溪村一带，人们历来把梅溪村及与之西接的姚家山村一同称为上梅溪，而把东邻的后山村以及袁家、呙里村通称为下梅溪。

在我1975年下半年插队梅溪大队前后，上下梅溪除呙里大队有个小学部的学校外，其他村落的小学、初中学生都在梅溪学校上学，当时大家都称之为梅溪乡校。当时的乡校里，从小学到初中的各个年级都开有两个班，学生大概有六七百人，在当时的乡村来说，应该算是规模比较大的学校了。除了少部分是公办教师外，大多数则是当地的民办教师。

乡校是以前一座宋代的古寺改建的，大部分校舍为寺院遗留下来的老房子，随着乡校规模的不断扩大，后来也逐步添建了一部分。在我去代课之前，刚好又新建了一部分校舍。

当时在乡校的一些公办教师中，有几个教师年纪比较大，身体也不是太好。在他们生病请假的时候，学校就得请别人来代课。1975年的第二学期，乡校里就有一位教四年级语文的公办老教师，因胃大出血请病假，需休息较长一段时间。当时，学校就请了梅溪大队里一位初中毕业不久的姑娘来代课。

可能是由于这位姑娘刚初中毕业，本身知识有限，也没什么授课经验，再说她年纪不大，又是当地人，与一些学生在一起也讲究不了什么大小了，所以，遇到几个平时喜欢在课堂里调皮捣蛋的学生，也就根本对付不了。有几次还在上课时被几个学生闹得离开教室，跑到校长办公室去哭诉，为此学校也感到很头疼。

当时，学校的领导了解到大队里不久前来了一位高中毕业的下乡知青，还听说平时讲起话来的口头表达和出黑板报等方面的文字表达能力也都还不错，于是就找大队书记商量，叫我帮他们学校去救救急。

大概在当年11月份的一天，大队书记找到我，跟我谈了以上的有关情况，并希望我能到学校去代一段时间课，以解他们的燃眉之急。

由于事情比较突然，事先也没有什么思想准备，再说大队书记对我们这些知青能否离开农村回城招工、上大学方面是至关重要的人物，他的话哪能不听的。所以，我当时也没想什么，就答应了下来。

可是，到了家里以后，回过神来仔细地琢磨了一下，还是有些想法。能当教师，固然是我一直以来的理想行当之一。虽然当时梅溪大队一个壮劳力出工一天的年终分配分值有一块钱出头，但可能由于我们这些知青刚到农村，一般的农活都不太会干，尤其是我，身材又是比较弱小，所以当时第一年生产队给我的评分基数只有5分8厘，也就是出工一天，在六毛钱左右，一个月下来，还不到二十块钱。而去学校代课，每月有三十块出头，对于我来说，也应该是个好事情。

然而，使我担心的是，去学校代课，会不会影响我以后抽调到城镇里去当工人或被推荐上大学。虽然当时的口号是知识青年到农村去要扎根一辈子，但到了二十世纪七十年代中期，大家也远没有知青上山下乡运动初期时的那般狂热，都是很现实地盼望着能够早点抽调回去。就是为了争取当时这些只有极少部分的名额，绝大部分知青怀着一丝的希望，要求自己平时在生产劳动的第一线去好好地表现。

同时，考虑到当时梅溪大队的几位知青，其他几个有的是小学、初中毕业，我虽然是一个高中生，但在那个荒唐的年代里，文化程度根本就不能算什么优势。而就我一个人去学校代课，其他几位知青仍然留在生产第一线劳动，会不会对我以后工作学习抽调造成影响。这些使我产生了不少顾虑和忐忑。当时心里的最终想法是，如果会有影响，我就宁可留在生产队里干活，也不想去学校代课。

于是我把这些想法告诉了三同户主人，也就是当时的大队支部副书记阿刚叔，他又特意去找了大队书记商量，在得到了书记明确表示，去乡校代课不会对我以后抽调回城当工人或被推荐上大学有任何影响的表态后，我这才安心踏实地去了乡校代课。

至于教小学语文，我倒是心里没有什么多大的压力。我在上学的时候，本来就是一个"跛脚鸭"，平时对立体几何、桥式电路和氢、锂、钠、钾、铷、铯、钫等这些数理化科目方面是很不感兴趣的，而对语文、政治等文科方面却是情有独钟。再说，在那一个历史阶段学校里的教学质量要求本来就不高。所以，在当小学语文教师的学识和业务能力方面，我还是比较感兴趣并有一定的自信心的。

当然，毕竟从来没有上过讲台，再说还有前面那位姑娘的前车之鉴，在进教室与学生见面之前我还是做了一番精心的准备。

第一步当然是熟悉课本，精心备课。那时小学四年级语文课文的文学水准较低，对我来说，不存在多大的难度。

第二步，在上课之前，我对当时所教的两个班平时喜欢添乱的几个重点学生进行了摸底，打听了解了他们的脾气秉性，以便对症下药地开展教学工作。

在做了以上充分的准备工作之后，我基本胸有成竹。那天校长专门陪我到了教室，给我压台，还对我近乎吹捧般地介绍了一番。真是功夫不负有心人，当校长走出教室以后，或许是我做的精心准备，或许是校长对我的那番介绍所起的作用，还可能是我一开腔一口流利的普通话和相对来说较好的表达能力，就立马把学生们给镇住了。一堂课教下来，一改往日这个课堂里不时传出的叽里呱啦的吵闹声。下课的时候，我看到在教室窗外一直在观察我讲课的校长向我竖起了大拇指。

其实，那时候老师教书，最主要的就是两条：第一，当然是完成课本里的教学任务。第二，就是维持好课堂里学生的学习纪律，这也是完成教学任务的前提条件。而要更好地掌握课堂的控场能力，关键在于要驾驭住几个经常闹腾的重点学生。

为了做好这一点，我特别在他们身上多花费了一番心思。这些孩子大多数家境相对要贫困些，在淘气的背后，他们的内心深处往往有着一种深深的自卑感。但在这些淘气的农家孩子的身上也有许多优点，他们单纯善良、热爱劳动，也比较聪明灵光，小小年纪就会帮助家里做许多事情。对于这些孩子，很重要的一点，就是不要去歧视他们。于是，在平时我总是会多找机会与他们谈谈心，多一份对他们的关心。当他们有一点进步的时候，我会及时地给予表扬和鼓励；当他们有困难的时候，我也会尽可能地予以帮助。慢慢地，在他们几个的眼里，不但把我当作老师看待，也把我当成了朋友。后来，他们不但不再在课堂上调皮捣蛋，而且都变得爱学习了。

从此以后，我所执教两个班级的学习秩序和课堂纪律越来越好，学生们的学习成绩也逐步有了提高。不久，学校里还让我担任了这两个班的班主任。

还有，我的大姐经过五六年的支农插队，由于表现较好，当时已经被推荐上了杭州外国语学校读书。在此之前，她也有过两三年代课教师的经历，再说她是一个比较敬业的人，所以，对教师岗位的工作，尤其是在做班主任老师方面，积累了一定的经验。于是，在那年寒假回家时，她也向我传授了不少执教经验，使我受益匪浅，给我以后的教学工作带来了很好的帮助。

在乡校代课期间，我只教四年级两个班的语文并担任这两个班的班主任，平时每天除了上两三节课，备课、批改作业，比起在生产队里的繁重劳动要轻松得多了。为此，在这段时间里，利用空暇时间，我还温习了初高中的一些课程。

其实，在我读书的时候，学制比较短，小学只上了五年，初高中各只上了两年。但不管怎么样，这一段时间的复习，为我在一年后参加"文革"结束之后恢复的首次高考，起到了很直接有效的作用。而且，对我以后的工作学习也带来了一定的帮助。尽管那时还处在1976年的上半年，当时谁也不会预料到一年之后那样天翻地覆的变化。

在乡校，我还有幸结识了一些教师同事。当时的梅溪乡校，大约有二十来位教师，其中五六位来自丹城和林海公社的大碶头等地，他们除了周末回家之外，平时都吃住在学校里。其他大多数教师则住在梅溪和附近几个村庄，吃、睡都每天回家。

当然，我相对会与我差不多年龄的几位年轻教师接触交往得更多一些。包括后山村的倪老师和张老师，倪老师还是我同届的高中同学，以及姚家山村的任老师，大碶头那里的郑老师和吴老师，还有我们梅溪村的邱老师等。当时他（她）们都还是民办教师，所以，每到暑假里的双抢和春耕、秋收两个农忙假，就会与我一样回生产队里参加劳动。

平时，大家在学校里，一起上课、备课、批改作业，还要参加很多当时的政治学习活动。由于年龄相仿，大家的共同语言也相对会多些。所以，在上完一天课，批改好作业和备好课后的晚上，大家总是会凑在一起聊聊天，谈谈大家年轻人关心的有关话题。

1976年前后，中国社会经历了巨大的动荡。当时，社会各界都对时局的发展很关心。虽然当时的政治高压态势也已近极限，但社会上的各种小道消息仍然存在着不同程度的传播。而作为知青阶层的我，对于这些自然要比一般人表现得更为关切。再说，我去县城的次数相对多一些，所以，我总是会成为每每在谈论这些话题时候的中心人物。

另外，当时不要说在农村，就是在乡校里的业余文化生活也相当贫乏。记得当时的梅溪乡校是在我代课期间才竖起一只篮球架，场地也就是一块斜度明显的泥石地，只能打半场篮球。好在当时学校里有两位老师写的一手漂亮的毛笔字，一位是王老师，另一位是小张老师，他们都会在平时闲暇时间写上一番。尤其是他们两人的楷书和行书，当时在我看来，水平是相当的不一般。因为我以前对书法也稍有兴趣，所以就抓住机会，向他们学练了一段时间。

这位王老师是一个公办教师。看上去身材要比一般人高大些，四方脸，虽然当时已年逾四十，但白净的脸色中还透着些许细嫩，一看就是个文化人。王老师性格有些内敛，说起话来总是会有斟字酌句的感觉，与人相处时给人的印象还表现得甚至有些隐忍。后来，我了解到，原来王老师早在二十世纪五十年代中期就已经是丹城一所小学的教导主任。由于在反右政治运动中被打成右派，先是被调到离丹城四十里开外东乡的一个小学里做了一个普通教师，七十年代初经其本人要求才调到了离丹城相对近一点的梅溪学校。这样看来，怪不得我一开始接触他就觉得此人的水平不一般。

在了解了王老师的有关情况后，在当时的政治环境下，我不但没有疏远他，反而对他多了一份同情和尊重。再说，像他这种人在人际关系的相处当中，对每个人的观察是十分敏感和细微的，他当时也肯定感觉到了我对他的这种理解之心。况且，我这个在学校里时间不会太长的知青代课教师，也根本不会对他带来什么负面的影响和利害冲突，所以，当时我们的相处是比较融洽的，无论是在我向他请教书法时，还是在教学方面的问题上，他总会耐心地启发帮助我。

后来，王老师获得平反后回到了丹城，在一所小学里担任了领导。这当然是后话了。

另外的一位小张老师，他当时是民办教师，在高小年级教语文。小张老师当时也就在二十二三岁，但显得比同龄人稍老成些。小张老师有个特点，就是每天总是穿着一件蓝咔叽的中山装，而且穿在他身上的中山装总觉得好像长了点，使得他本来就一米七不到一点的身材更显得矮了一些。

小张老师家住后山村，父亲在上海工作，而母亲则在后山家里操持家务。他是老大，虽然下面还有个妹妹，但在我们那儿的说法仍算是家里的独养儿子。像他这样父亲在城里工作赚工资的家庭，当时在我们那儿叫农购户，生活条件要比农村里一般的家庭好。况且，当时在农村，他家里这样的人口算是很少的了，负担也轻些，家境相对比较富裕。当时，农村里像他这样年龄的人能读到初中毕业的也应该算是凤毛麟角的。

所以，在当时的农村，无论在小张老师本人心里，还是在别人的眼里，他也可以说是一个少爷式的人物了。因此，在他身上会有比一般的农村人，甚至比学校的民办教师，多多少少多出一种相对的优越感。包括他每天穿的中山装，在当时农村的年轻人中是很少有人穿的。可能在他的心里，也会有一种觉得自己是文化人应该与农村人以示区别的原因吧。

小张老师聪明好学，教学水平也不错，他所执教的班级基本上每学期的业绩总会处在学校里的中上游水平，学生方面也能摆得平，业务能力比较强。

小张老师还有个特点，就是他平时比较爱思考，大到太平洋、原子弹，小到针屁眼、菜泡饭的大大小小事情，尤其是碰到的一些社会问题，总会去琢磨一番，有时还会在大庭广众下发表一下自己的看法。问题是，不知是由于他自己认为就是正确的或者是因为他的独特个性和思维方式，还是由于在别人眼里他是自命清高、自命不凡以及事不关己，不必去作太多计较的想法，他的看法往往会与学校领导或与其他一些同事的思维和言论发生碰撞。而这些大多数又是和大家的工作与相互之间的利益并没有直接甚至是没有半毛钱关系的事情。再说公说公有理，婆说婆有理，所以，大家对他的高论也就是听之任之罢了。就是有时候小张老师与学校领导发生几句顶撞，领导也总会看在他本性就不坏的心地和教学方面的能力水平，以及平时还得由他的那手毛笔字来为学校里里外外撑些门面等方面的原因，也就不会对他计较什么。而对小张老师来说，可能在他的心里有时难免会有一些生不逢时、生不逢地的感想吧。

而对于我来说，倒是挺能理解小张老师的。因为对他那种关心社会时局的一些看法，其合理与正确与否倒是其次，就我们知青这个阶层的人来说，有些恰恰是当时我们比较关心的，也是愿意讨论的问题。所以，有时候小张老师会把我当成他的知音，侃侃而谈地发表他的一些高见。

还有，平时我与王老师和小张老师经常在一起学练书法，所以，我们之间相处的时间相对就多一些。我们几个在一起的时候，大家也会经常谈到社会上的政治形势这方面的话题。但鉴于那时候的政治气氛比较紧张，特别是以已经在这方面吃足了苦头的王老师当时的这种特殊政治身份，他是不可能发表什么激烈言词的。但可以感觉得到，有时候他比我还要关注社会时局方面的问题，凡是他说出来的一些话，都是比较中肯和切中要害的。再说，在当时的情况下，我们之间当然也不会有什么过于出格的言论出现。

我在乡校的代课期间，通过与一些老师的接触，共同工作，共同学习，共同探讨一些大家关心的社会问题，这是我在两年的知青岁月中，精神世界比较充实的时光。

同时，在王老师和小张老师的指导下，我对书法的兴趣更加浓厚了，毛笔字的水平也有所进步。

在乡校两个学期左右的代课执教经历，使我受益颇多。首先，在这期间，除了春耕、双抢、秋收回队劳动之外，我免受了一段时间的繁重农业生产劳动之苦。其次，使我暂时摆脱了文化贫困的处境，重新拿起课本补习了一些文化知识，为我以后的学习工作带来了很大的帮助。再是，代课期间每月有三十几块的工资，虽然按规定每月要交给队里二十五块，到年底只能折算为二十块，但每月还有十来块的零用钱。这对当时农村里一个人的生活来说，已经是一笔很不错的收入了，在一定程度上改善了我在下乡插队期间的经济生活条件。

但更主要的是，乡校的执教经历，给我以后的工作带来了很大的益处。尤其是后来我无论是在全国五百强的企业里担任公司管理学院的院长，还是在创办宁波职业经理人大讲堂和担任省内外多家高校的兼职、客座教授方面的工作，这段经历都给我带来了极大的帮助。

第一是乡校的代课执教经历，使我发现了自己身上具有的表达、演讲方面的兴趣、潜力和特长，并不断地加以发掘和培养。同时它也增强了我对开展这方面工作的自信心。

第二是通过这段时间的尝试、实践和训练，我初步了解和掌握了在讲台上需要具备的一些基本功。在后来的日子里我注重对知识的积累储备、现场的表达发挥、与听众的沟通互动、演讲的进程和节奏到控场能力等各个方面不断地进行提高和完善，以使我无论在对有关企业干部员工进行的培训，还是在省内外各大高校的讲课及各类活动的演讲时做到游刃有余。

梅溪乡校代课的那段时光对我来说是快乐的，有收获的，也是非常值得我回忆的。

第三是经历和参加了当年有关的政治和社会活动。在我下乡插队期间，正是中国社会的多事之秋，尤其是1976年，周恩来、朱德和毛泽东三位共和国的主要开创者先后去世。当年作为知青的一员，尽管年轻，在政治方面还很不成熟，但对社会时局的变化与发展，无疑比普通的农民要多一份关注，但内心也多了一份彷徨和迷茫。

1976年10月初，"四人帮"垮台，标志着十年"文革"内乱的结束，中国社会开始了巨大的变化。10月底，请假多时的那位教师病愈回校上班，我结束代课回到了生产队。那时的我，虽然没有那么高的政治敏锐度，但凭直觉，还是能感到时局的发展会给我们知青的命运带来好处。所以，在积极参加队里生产劳动的同时，与以往对政治运动内心采取的应付态度不同，我积极地投入和参与了当时公社和大队组织开展的各项政治活动。

那时，县里向各基层生产大队派驻了工作组。工作组的主要任务是指导基层生产大队开展全国上下正在进行的揭批"四人帮"运动，深入批判他们各种倒行逆施的思想路线，肃清他们的流毒。同时，帮助基层生产大队开展好"农业学大寨"运动，抓好农业生产。进驻我们梅溪大队的五六位成员，分别是县机关、单位和公社抽调的干部，有几位与我本来就认识。同时，由于我的知青身份，所以，平时他们在工作中就会格外地对我予以关注，并让我参与其中的有些工作。比如，写一些黑板报、广播稿，叫我帮大队干部写写大会的发言稿等。在工作组召开的社员大会上还叫我组织队里的一些年轻人表演与会议主题相关的文艺节目。记得在一次揭批"四人帮"的大会上，我还与当时大队的民兵连长上台表演过讽刺"四人帮"的相声《帽子工厂》。下乡插队的第二年，我加入了共青团。

那段时间，由于政治方面的原因，各地备战的气氛比较紧张，特别是东南沿海地区，更是如此，经常组织民兵进行备战训练。毛泽东去世那天，我们正在进行实弹训练。我清楚地记得，1976年9月9日那天下午，我们在我插队所在的林海公社的南端一个叫柴嘴头的海滩上进行手榴弹的实弹训练，我投了两枚货真价实的手榴弹。下午3点，在回丹城的途中，经过林海公社的所在地大碶头镇时，从突然响起的高音喇叭里听到重复了几遍的紧急通知，说在下午4点，中央人民广播电台有重要广播，要求组织收听。这种情况是以前从来没有碰到过的，在大碶头镇到丹城的一个小时路途中，心中不免充满了各种揣测，但有一点是可以确定的，就是我们国家肯定发生了什么非常重大的事情。于是脚下的步履也不禁加快了许多。回丹城后，4点整，广播里先是响起了低沉、悲伤的哀乐声，然后是广播了毛泽东逝世的讣告。在毛泽东追悼会举行前后的一段时间里，备战气氛更为浓厚，我们民兵还荷枪实弹地在夜里进行巡逻。

当时我们梅溪大队的基干民兵都配发了枪支等武器。作为民兵骨干，在不到两年的时间里，我的知青屋里先后配备保存过五四式冲锋枪、六四式半自动步枪和六四式全自动步枪三种枪械。1977年双抢结束不久，我还和我们大队的一位民兵排长到慈城当时的宁波军分区教导大队接受了两个星期的四0火箭筒射击训练，在训练场上，射击过几枚教练弹和一枚实弹。

由于当时的特定年代，参加各项社会政治活动也是我在下乡插队的两年里相当重要的一部分经历。当然，这些经历给我这样刚踏上社会的年轻人在提高自己社会政治生活的成熟度方面来说是非常有益的。

## 告别梅溪，告别知青岁月

1977年下半年，随着十年"文革"的结束，中国社会发生了改变我们这代人命运的一件大事，就是恢复停止了十年的高考。那年的8月份，中央召开了科技和教育大会。10月20日，报纸公布了一条振奋人心的消息：废除上大学推荐制度，采取恢复考试、择优录取的办法。凡是符合条件的工人、农民、上山下乡和回乡青年、复员退伍军人干部和应届高中毕业生均可自愿报名，并按照自己的爱好和特长，选报学校和专业。同时安排一个月以后举行考试。

当时，对于我们千千万万的知青来说，上大学就是一个梦想。为此，消息传来，大家感到欣喜万分。于是，我立即决定报名参加。但当我们接到通知的时候，离高考就只剩个把月的时间了。当时也没有任何复习的资料，只能把高中时的课本找出来看看。好在前一年在乡校代课的时候，曾经温习过一部分，所以，相对来说心里稍微有些底。

然而，正当我一边参加生产队里的劳动，一边进行紧张的高考复习时，有一件更好的事情落在了我的头上。其实，在那年下半年开始，中央也开始逐步扩大了抽调知青回城安排工作的比例范围。

当年11月下旬，宁波海洋渔业公司在象山县分配了几个知青招工名额，当时下乡刚满两年的我，经过了县里、公社和大队的层层选拔和推荐，有幸被作为其中的一员。这对我和我们全家来说，就像是天上掉下馅饼来的大好事，一家人简直高兴得不得了。记得在进行体检时，因为当时的五位应招人员都是家在丹城我的同届高中同学，负责招工的工作人员为了避免产生作弊现象，还特意把我们送到了石浦的渔港招待所，住了一个晚上，第二天在石浦医院做的体检。

由于当时的历史环境，招工还须通过政审等程序。所以，做完体检后我就回生产队干活，并继续进行高考复习。同时，等候宁波海洋渔业公司的招工是否录用的通知。

1977年12月中旬，我走进考场，参加了因"文革"被中断了整整十年之后恢复的首次高考。当年高考我报的是文科。记得第一天考了语文、数学，第二天上午考完政治回家，宁波海洋渔业公司的招工录用通知书已经寄到了家里。当时，全家人的喜悦之情自然是溢于言表。而对我本人来说，更是好比中了状元。余下的高考科目连想都没想就放弃了。正是由于这一个不经意的，而在当时看来完全是无可厚非的决定，使我失去了接受全日制正规高等教育的机会，成为了我一生的遗憾。因为在当年，就算你大学毕业，能够进宁波海洋渔业公司这样的全民单位当个工人，无疑不亚于当今能考进机关单位当上公务员。

接下来的几天里，我的心情是从来没有过的轻松和愉快。一边到县上、公社里和大队办理户口迁移等有关招工手续，一边抽空访家串户去向村民老乡告别。晚上，躺在知青屋的板床上，真是思绪纷飞，感慨万千。知青岁月里的所有经历，就像一幅幅无法消逝的荧幕片段，一幕幕、一遍遍地总是不停地回放，浮现在我的脑际中。而其中的苦涩和痛苦，迷茫和哀伤，仿佛已经是漂浮的过往烟云，都已化为甘醇和欣愉。而在此刻，所有这些都是那么的值得，心中更多的则是对未来工作和生活的憧憬与向往。

旁边的知青屋里还有其他五位知青伙伴，他们还要在这里继续着这样艰辛的生活，他们什么时候才能回到城里，等待他们的会是什么样的命运安排？想到这些，我的内心就会变得沉重起来，寂静长夜，辗转难眠。

1977年12月25日，在改革开放就要启幕的一年之前，在如今每年都会热热闹闹度过的圣诞节那天上午，我挑起轻轻的行囊，在几位与我送别的知青伙伴带着苦笑的祝福声中告别了梅溪，告别了我整整831天的知青岁月。

一轮冬日的朝阳照着我的身背，折射在前路上的则是一道长长的身影，仿佛在催促着我走向以后人生的漫长之路。而我肩上挑着的一担行囊,就像是长在我身上的两个翅膀,让我奔向更遥远的前方。

# 知青岁月感评

夜阑人静的时候,记忆的闸门有时会不经意地打开,随着思绪在过去的岁月长河中游走,那些难忘的片段,便会像翩翩而飞的彩蝶扑面而来,而最清晰、最铭心的,便是四十多年前那葱茏的知青岁月。

两年,对人的一生来说,应该说是比较短暂的。而在梅溪大队的两年知青生活,对于我来说,则是我一生中最难以忘怀的岁月。因为,在这短短的两年之中,我几乎经历了我一生当中最艰苦、最迷茫、最惆怅的岁月。而今,在许多人的眼里,知青好像已成为一个历史的概念,但对于我来说,作为知青的岁月,则是一段挥之不去的深刻记忆。

当年的上山下乡运动,全国每座城市、每所学校、每个家庭都身不由己地被卷入了这股大潮。全国主要城市的知青中,许多人被下放到了边远省份,如黑龙江、内蒙古、新疆、云南,共有267万多知青投身其中。全国知青大量在本省农村插队。那段期间,全国城镇知青上山下乡人数达2000多万。

中国城镇的知识青年上山下乡,其实在二十世纪五十年代就已经开始。但那时候人数不多,范围不广,且都是自愿报名,也应该不算是什么运动。而六七十年代的知青上山下乡运动,之所以会发生,是其复杂的历史背景和多方面的因素造成的结果。

纵观历史,知识青年上山下乡这种历史现象,在人类的全部进化史和文明史上是独一无二、空前绝后的。

客观地讲,像我这样仅仅在农村下乡插队只有两年半不到的时间,其中,又当了两个学期的代课老师,在绝大多数的知青中,应该算是比较幸运的。但它给我造成的痛苦和伤害却是显而易见的。

首先是身体方面的伤害。当年咬牙坚持挑一担担粪水,使得我的腰椎至今仍然左右弯曲不直，终成顽疾。双抢时强忍饥饿，给我的肠胃留下了难以治愈的病灶。

或许，有人会说，农村有那么多人，就你特殊，就你们知青娇贵。但大家可曾想过，比如挑担，农村里一般都是从小孩开始就慢慢锻炼起来的，而我们却是在短时间内速成加压的。又比如，双抢时的伙食，农村的家里面，无论是出工前的早点心，还是一日三餐，都是主妇们事先早就安排好，歇工后一回到家就可享用的。而我们则是在已经累得疲惫不堪时饿着肚子还要自己烧火做饭。所以，也可以这样说，下乡期间，有时候我们知青的生活甚至比农村里一般的农民还要艰苦。

除了身体方面的伤害，更主要的是精神方面造成的压力。知青上山下乡的动机，表层看起来高度一致，然而，特别是到了上山下乡运动后期，在深层次方面大家都是心知肚明的。有的领导干部为自己的知青子女"走后门"，办返城，从中多多少少透露出了社会各个阶层对上山下乡运动的真实态度。

上山下乡运动给我们带来了无法言尽的心理重负和精神损耗，在它的背后，大家都承受着强大的政治压力。到了二十世纪七十年代中期，原来仅为城镇初高中文化程度以上的知识青年上山下乡，逐步演变成广大城镇青年也都实行上山下乡的热潮。

虽然政策规定，知青中表现好的也和工农兵一样可以上大学或抽调到城镇当工人，但其中的比例却是很少的。老实说，当时这种既感到迷茫又怀着一丝憧憬的矛盾心理所带来的精神压力，远比身体及其他任何方面给我们造成的伤害更为巨大。

还有，上山下乡作为我们这代人在当时唯一的谋生出路，也蹉跎了我们一段美好的青春岁月。没有能够接受系统的文化知识教育，在客观上一定程度地耽误了我们学习科学知识的机会。同时在这期间，我们还承受着劳作以外的另一种痛苦——文化贫困。我们的文化要求得不到起码的满足。

　　另外，上山下乡运动也给千千万万个家庭带来了严重的冲击，上山下乡子女们的状况成了广大家长最大的心病，加速了他们身心的衰老。像我家就有大姐和我两人先后上山下乡，给我的家人造成了极大的精神压力和物质负担。

　　固然，上山下乡这场运动改变了我们的人生道路。然而，无论这两年多一点的时间给我造成过什么伤害，或者失去些了什么，但是它让我们品尝了一段刻骨铭心的人生经历。下乡插队那段难忘的知青岁月磨砺了我的体魄和心志，对我来说，得到的远比失去的要多得多。这段艰苦辛劳的经历教会了我宽容、珍惜、感恩、坚强、自信，乐观豁达，甘于付出，不惧艰难，勇于拼搏，拥有梦想，在磨难中奋进，在挫折中前行。而这些又是在当今这个物欲横流的社会中尤其难能可贵的。

　　感恩知青岁月，它使我从一个五谷不分、四肢不勤的懵懂少年成长为一名弱冠青年，在离开城镇，离开父母的羽翼庇护之后，开始独立地在农村这个艰苦的环境中，感悟生活，学习成长，增长了生活智慧和社会才干。我也从农民乡亲们那儿学到了勤劳、纯朴、智慧、韧性和忍性。

　　感恩知青岁月，是它让我亲近大地，认识了社会、熟悉了农村、了解了农民。在田间地头，在村屋溪边，亲身感受和体验了农民这个中国最大又是最底层的群体的真实生活。经过与农民在生产生活中同甘共苦，我看到了农民身上艰苦朴素和纯真厚道的亮点，深切体验了农村、农业、农民的贫穷困苦。从此，在我的心里包括在以后的工作中，多了一份对农民以及民工兄弟的同情、怜悯和关爱之心。

　　感恩知青岁月，它使我培养了吃苦耐劳、不畏艰难的品格。在田野阡陌，在山峦沟壑间，流下的一滴滴汗水；在挑粪浇地、拉车搬石、插秧打稻、锄地砍柴的脏活、苦活、累活中，磨起的一颗颗血泡，不但让我感受和体验了生活和劳动的艰辛，更磨炼了我不畏艰难的意志。

虽然手心肩背上在重担承压之下结成的那一道道黑厚老茧早已褪去，双抢时的饥饿感和疲惫感也早已消失，但这一段刻骨铭心的人生经历，却成为我无法抹去的记忆，烙印在了我的灵魂深处。在以后的岁月中，无论是深入闷热的东南亚丛林里，还是奔走在偏僻的矿区中，有了知青岁月的这杯酒垫底，拥有了征服困境、挑战压力的勇气和力量，还有什么苦不能吃，还有什么累受不了。不管面临的工作如何艰苦，环境如何复杂，我总能迎难而上，永不退缩。

感恩知青岁月，它让我充满希望与激情，满怀憧憬与梦想。它更让我懂得了在仰望星空的同时，更要脚踏实地。每一个希望和憧憬的实现，必须付出一步一个脚印的努力；每一份收获时的欢欣与喜悦，必须有每一滴汗珠与泪水挥洒而就。唯有付出，方能收获；甘于付出，才能获得。

感恩知青岁月，它使我懂得珍惜，节俭朴素地生活。经过了知青岁月里繁重的体力劳动的洗礼之后，让我深切体会到所有稻、麦、果、蔬的收成都凝结了农民辛劳的汗水。从而真正体味了只有经过"锄禾日当午，汗滴禾下土"的辛劳，才能理解"谁知盘中餐，粒粒皆辛苦"的真切寓意。在以后的生活中，我珍视每一颗果蔬，珍惜每一粒米饭。

感恩知青岁月，它使我感受到了世间的真情。每当想起三同户阿婶每天专门为我在瓦罐里放进一把米熬成的那碗香甜的番薯丝粥；每当想起那年深秋初冬的早上，在寒风阵阵的田野上，当我被冻得瑟瑟发抖时，生产队的老队长披在我身上的他那件老棉袄，就能让我一辈子记住他们给我的呵护和温暖。这使得我和农民老乡们彼此之间结下了真挚的情谊，从而也让我懂得了感恩。

感恩知青岁月，它使我前所未有地体味到了家人的亲情。我的大姐，已经由知青成为工农兵学员的她，那年放了暑假，每天白天来回于丹城与梅溪之间，一边在我知青屋的蚊帐内看书学习，一边为我洗衣做饭，陪我度过艰苦双抢的一天又一天。

在工厂里上三班的二姐，有时候省下厂里中夜班时的营养餐带回来给我补充菜肴。

不到十六岁就出门在外工作的哥哥，那年工伤后，一回到丹城家里，就赶来梅溪看望我。当两兄弟相遇在姚家山岭脚下，哥哥看到的是瘦弱的弟弟肩上压着一担满满的粪桶，弟弟看见的是哥哥受工伤后的手上厚厚缠裹的纱布，兄弟俩除了辛酸，只能是默默无语。

在我的知青岁月中，他们总是会在我最艰苦、最寂寥、最落魄的时候，及时地出现在我的面前，给予我无微不至的关爱。每每想到这些，我深深地感到，亲情是多么的珍贵与无价。

虽然我们的父母没有给我们留下一爿瓦片，但从清贫和坎坷中一起走出来的兄弟姐妹，正是由于这份弥足珍贵的手足之情，使得我们在分别成家以后的日子里，无论是在每个兄弟姐妹间的照应方面，还是在照顾年迈体弱的父母方面，相互之间从不计较，相互关顾，向来都是主动甘愿而为之。

感恩知青岁月，它陶冶了我的情操，使我养成了不甘落后、不甘沉沦、坚强自信、乐观豁达、不惧艰难、自强不息、奋发进取、勇于拼搏的人生信念；在领略了劳动的艰辛和生活的清苦、寂寥之后，也磨炼了我坚忍不拔的耐力和淡定从容的意念；在饿了体肤、劳了筋骨、苦了心志的基础上，使我抵制住理想与现实的差距所带来的忧郁感、痛苦感以至绝望感；也使我学会了思考，培养起了体察国情民情，关切民族命运，希冀中国稳步发展的政治品格。

感恩知青岁月，它使我学会了宽容和关爱别人，也懂得了约束自己。农民乡亲们手把手地教我农活，他们在劳动时对我的帮助，生活上的照顾，这种质朴的关爱，让我不管走到什么地方，不管在什么岗位，始终不敢忘记自己从哪里来、要到哪里去、该干什么，时刻勉励自己尽可能地去宽容和关爱他人、回馈社会。

知青岁月，它让我感恩的实在是太多太多……

知青岁月是苦涩的，却也是宝贵的。知青岁月是一段痛苦，是一种历练，更是一种财富。

# 怀念阿婶

阿婶是我在二十世纪七十年代中期到农村插队落户时那户人家的女主人，平时待我犹如亲儿子一般。上了年纪后，阿婶的身体一直不是太好。似乎有些预感，前几天我特意去看了她，也想把前些日子我孙女出生的消息告诉她。当时见阿婶睡着，我不忍惊醒她，嘱咐阿婶的儿子阿志给她看我特意带去的小孙女的照片。想不到，这竟是我见阿婶的最后一面。

10月10日，阿婶走了。听到这个消息，我悲从中来。虽然阿婶已年近九旬，也算是寿终正寝，但对她的离世，我还是感到很悲伤。

## 阿婶刚过四十腰背就开始佝偻起来

阿婶不是我的亲阿婶，二十世纪七十年代中期我插队住到她家后，就一直叫她阿婶。阿婶是个地地道道的农村家庭主妇，虽然没有什么文化，平时寡言少语，但是她的身上有着农村妇女的朴实品质，善良本分，待人仁慈宽厚，从不与人计较，勤劳节俭又乐于助人，默默无闻甘于奉献。

阿婶家里有七个子女，我插队时，她的大女儿已经出嫁。叔叔是大队领导，工作比较忙，所以，一大家子的家务活，主要由阿婶来做。在我的印象中，阿婶每天起早贪黑，总是忙着为一家人洗衣、做饭，一年到头猪圈里的两头猪在阿婶的精心饲养下总是比邻家的要肥壮许多，出栏也快些。

每逢双抢农忙时节，阿婶就更忙了。双抢要持续两个月左右，村民们每天天不亮就要出工，到晚上七八点钟才收工。阿婶每天不到四点就得起来，给一家八九口人烧早饭，晚上则要忙到十点以后才可以休息。白天还要和村妇们去谷场晒谷，还得喂猪，洗许多衣服，忙忙碌碌，辛苦可想而知。正是因为生活的辛劳，刚过四十，阿婶的腰背就开始佝偻起来。

## 那碗番薯丝粥是我享用过的最香甜的美食

我在农村两年，其中一年左右吃住在阿婶家里。刚到她家时，阿婶和叔叔就把朝向最好的一间屋子让给我住。尽管那个年代的生活条件比较困难，但阿婶和她的家人总是处处给我很多照顾，有什么好吃的总是给我留着。

那个年代农村人吃的早饭大多是番薯丝粥。为了省时、省柴，每天烧完晚饭后，阿婶会把番薯丝放进一个大瓦罐里，埋在灶膛里烧剩下的热柴灰中。经过一个晚上的煨焐，第二天可作全家人的早饭食用。记得我在她家时，阿婶在往瓦罐里放番薯丝前，总是先抓一把米放在罐底，这样煨成的番薯丝粥比一般的粥要香甜。而罐底那一碗以米为主的既香又甜的稠粥每每总是留给我吃。以后的岁月中，即便我有机会在世界上一些国家品尝各地美食，但在我的记忆里，阿婶的这碗粥，是我一生中享用过的最香最甜最美味的食物之一。

下乡的第二年，我搬进了大队建造的知青屋，开始了一个人的生活。比起在阿婶家里的日子，生活就更加艰苦了。好在虽然搬离了阿婶家，我仍能时不时得到阿婶及其家人的关照。家里有什么吃的用的，阿婶总是三天两头给我送些过来。尤其是在"双抢"农忙时节，活重人更累，谁也不会讲究一日三餐吃些什么，泡碗酱油汤下饭是家常便饭，那时阿婶就会给我送些烧好的菜来，时不时接济我。

## 在她的心里早就把我当亲生儿子看待

两年的下乡时间里，我和阿婶一家建立了深厚的情谊。后来我作

阿婶和她的家人

为知青上调到宁波工作后，阿婶总是惦记着我。我结婚后孩子出生比较晚，妻子到了34岁好不容易才怀上，但在怀孕四个月时发现得了极其严重的难症。医生说保住孩子的可能性极小。阿婶得知后，心里很是着急，连续几天特意到当地的紫云庵去上香，祈求菩萨保佑我们。或许是阿婶和众多亲朋好友的祈愿感动了上苍，我们的儿子竟奇迹般地得以足月出生，而且长得非常健康。

阿婶有很多孩子，而且已经四世同堂，膝下一大帮儿孙都很孝顺，阿婶也很疼爱他们。而对我们一家，她也一直视如己出，把我们当亲人一样对待。逢年过节阿婶家吃团圆饭了，总是不忘叫上我们。看着饭桌上四代同堂的阿婶一家人，再加上我们一家，再无他人，我知道阿婶心里早就把我当成亲生儿子看待。在他们二老所住的房间里，只放着两张装着镜框并且擦得锃亮的照片，其中一张就是我儿子光着屁股的出生照，足见阿婶对我儿子的钟爱。

对于阿婶，我们一直怀有感恩之心。虽然阿婶不是我的亲阿婶，但在我的心里，她就是我挚爱的亲人。尤其是每每想起阿婶的那碗番薯丝粥、她到紫云庵去上香的虔诚之心和放在她床头边我儿子的出生照，我的心里总会对阿婶涌起一种深深的思念。

虽然阿婶已经离开了我们，但她对我们的好，我会永远铭记在心。祈祷阿婶在天堂安好。

2018年10月12日

# 老队长和他的老棉褂

**1975** 年9月中旬我下乡到梅溪生产大队，插队落户在第二生产队，那时叫二小队，当时的小队长是成南伯。

成南伯40岁出头，体态魁梧，古铜色的脸上还有两个大酒窝，说话声音低沉浑厚。成南伯没有什么文化，也不精于算计，但肯做，平时性格又有些豪爽，遇到什么事情也会站出来咋呼几句，同时能听大队干部的话。像他这样的人，在当时是比较适合当农村生产队的小队长之类角色的。

成南伯有两个儿子和两个女儿，大儿子、大女儿已经二十来岁，大儿子在小队里干活，大女儿在大队的副业队里干活。除了妻子身体有点不太好，像他一家六口人在当时的农村来说，也不算太多，再说已有两个孩子已经成人在干活了，家里的日子理应会过得好些。但好像当时他们的家境并不怎么样，按队里人的说法，可能是由于他们夫妻俩过日子不太会打算的缘故吧。

成南伯给我印象最深的是他身上的那件棉背心，就是一般的没有两个袖子的那种棉袄，在我们那儿叫棉褂。一到深秋，天还没太冷，他总是会把这件棉褂披在身上。到了来年开春后，其他人都脱掉过冬衣服的时候，而他的这件老棉褂还会披在身上，等到天气实在热得不行了，才把它脱了下来。与其说是他懒得换，倒不如说可能是为了节省一点其他的衣服吧。或许是可能有点年头了的缘故，这件棉褂看起来已经有些破旧，原本纯黑的颜色变得有些泛黄了。

当时在农村，卫生方面不太讲究，在干活的时候觉得有点热了，就脱下这些老棉袄往地上随便一扔，干好活，拿起来穿上就是了，平时也不会老是去洗它。所以，成南伯这件老棉袄的表面有的地方就像剃刀布似的腻得有些发亮了。更由于成南伯平时烟不离手，经过多年的烟熏，这件老棉袄已经烟臭味十足。

我刚下乡到队里时，小队里就我一个知青。成南伯知道我从城里下来，什么农活也不会干，再说我的身体看起来也比较弱小，所以平时派农活时也处处对我予以特别的照顾。总是不让我去做那些比较重的农活，有时候，甚至还安排我与女社员在一起做一些相对轻松的活。

而我对他仅有的回报是，遇到运动来了，小队里要开学习会什么的时候，因为成南伯文化少，有了我这个在他心目中认为有文化的人，所以，开会前也就经常会先叫我帮他写几句讲话稿。然而，在开会前把稿子交给他以后，为了避开或少闻到他身上老棉袄的那股有些难闻的烟臭味，每每到了开会的时候，我总是会坐得离成南伯远远的。但是，想不到有一天，正是老队长这件破旧还有烟臭味的老棉袄，竟穿在了我的身上，并给我带来了一段既难忘又温馨的记忆。

记得那是那年生产队开始割晚稻的第一天。象山到割晚稻时，一般天气已经转凉。当时我还住在三同户阿刚叔家里。住的朝南屋比较暖和，记得一早还开着太阳。所以起床后就只在衬衫外面穿了一件毛线背心，也没穿外套，当时也一点不觉得冷。

吃早饭时，阿婶看我穿得少，就提醒我，在野外稻田里风比较大，说我穿得那么少会冷的。以前天冷的时候每天去读书，也老是因不肯多穿衣服而经常被母亲骂。我当时仗着年纪轻不怕冷，也没听阿婶的话，没有多穿一些衣服就出门了。

那天割稻的地方叫六亩松，离我住的地方约有二里地。去的时候还好，天上有太阳。到了那里以后，天慢慢变得阴沉起来，温度也开始下降。再说，六亩松那里一直到十多里开外的柴嘴头海塘，中间除了大碶头等一些散落的村庄外，一片都是四周毫无遮拦的稻田。深秋初冬，从柴嘴头一直刮上来的海风，吹在身上，果然着实冷得使我有点吃不消起来。

我咬着牙齿，一刻不停地打着稻，想着使劲干活会减轻冷的程度。无奈，身上的衣服穿得实在太少，渐渐地被冷得浑身发抖，上下牙不停地打起架来，嘴唇也被冻得发紫。

这时候，老队长成南伯看我冻得不行，就脱下自己身上的这件老棉袄，裹在了我的身上。然后，叫我马上回去加穿衣服。

当时，我不但丝毫没有闻到老队长这件老棉袄平时散发出来的任何烟臭味，感到的只是从来没有过的暖和。我裹着老队长的老棉袄，一路狂奔，到了家里，尽可能地多穿了些衣服，赶紧回去继续干活。到了六亩松，看到成南伯的面孔也已经被冻得有些发青，我怀着十分感激而又谦疚的心情把老棉袄披在了他的身上。

多少年过去了，成南伯也已经过世多年。但无论我在哪里，每当身体感到有些寒意的时候，就会想起成南伯的那件老棉袄，身上仿佛会涌起一股股暖流，总会感觉到老队长曾经给予我的那份温暖。

写于1997年5月

# 接受再教育的第一课

**1976** 年开春后，我在梅溪乡校代课,放农忙假回生产队里参加春耕。春耕时，正是江南春雨绵绵不见日的时节，几乎每天都下着雨。队里一般总是上午拔秧，下午插秧。而农村的秧苗田，一般都在村子旁边。

记得是在春耕的第一天上午，队里安排拔秧，那块秧苗田就在离我住的房子不到200米的地方。那天依然下着蒙蒙细雨，社员们都赤着脚，披着当时农村里家家户户都有，农民在雨天里常穿的那种透明的连帽塑料雨衣。

那天早上，由于我没有这种雨衣，再说当时看看雨也下得不大，所以，除了出门时随手在头上戴了一顶草帽外，也没带其他雨具，就赤着脚跟着社员往秧田走去。走了不到一半的路，身上就感到开始湿漉漉起来。其实，在这种春雨连绵的日子里，在野外时间待长了，不要说天上下着雨，就是没下雨，乡村田头里四处都是的水气、雾气也能使人湿透全身。

另外，我平时很少赤脚，走起路来总感到有些硌脚。尤其是在去秧苗田的路上，经过村子边缘的一些既像小路又似田埂的小道时，路边的露天茅坑在雨天里发出的那种臭味熏得让人作呕暂且不说，更为要命的是，这些泥泞小道上到处都是平时猪牛、鸡鸭经过时留下的粪屎，赤脚走在上面，对以前从来没有这种生活经历的我来说，仿佛全身都起了鸡皮疙瘩，真是难受极了。

看到好像一时半刻也不会停下来的细雨，特别是实在难以忍受的双脚踩在满是粪屎的泥泞中的感觉，再加上路也不远，我就回到了家里，穿上了一双拖鞋，拿了一把雨伞，往秧苗田走去。

来到秧苗田的田埂上，只见秧苗田里的社员们抬着头齐刷刷地看了我好一阵子，我只以为是自己来迟了，才引起了大家的观望。后来，在整个上午的拔秧时间里，我感觉到大家比平时的劳动场景少了一些活跃的气氛。尤其是在我身旁平时比较话多的几位社员也比往日显得要沉闷许多。

我开始感到有点莫名其妙，纳闷了好半天。到了中午歇工后，生产队里的老队长拉上我，边走边对我说，农村人拔秧种田，哪有像我这样撑着雨伞、穿着拖鞋的。况且，我当时打的还是不锈钢杆柄的一把伞，穿的是一双海绵拖鞋。这种雨伞和拖鞋当时在城里算是比较时新的东西，而在农村更是很少有的。把这些在社员们的眼里应该算是奢侈品的东西，拿到田头来干活，就难怪引起大家的特别注视了。

老队长的一番话，终于使我茅塞顿开。于是，到了家里后，我马上向三同户借了一件与社员们一样的塑料雨衣，下午出工去插秧时把它穿在了身上。

晚上，虽然一天下来的插秧、拔秧，我已经累得腰酸背痛，疲惫不堪，但躺在床上，却久久不能入睡。脑子里一边不断地回放着早上我在田埂上上演的那一幕，想想当时社员们的心里会是什么样的感受。

更使我感到忐忑不安和后怕的是，当时作为上山下乡知识青年到农村后，为了以后能够有机会抽调回城里当工人或被推荐上大学，不但自己要拼命地好好表现，还得给社员们有个好的印象。就是在大队和乡校叫我去代课的时候，我曾特意托我三同户的叔叔去找大队书记商量，是在得到书记明确表示，去学校代课对我以后的抽调不会有任何影响，我才去代的课。否则，我宁可留在生产队里干活，也是不想会去代课的。所以出现当天这样的情况，对我来说，心里的懊恼、担心甚至恐惧和害怕是可想而知的。

可以这样说，这是我到农村之后接受再教育给我上的实实在在的

第一课。

　　从此，在之后梅溪插队的日子里，就再也不见了我的那把不锈钢杆柄的雨伞，我再也没有穿着这双海绵拖鞋出过家门在村子里走上过半步。

写于2012年春耕时节

# 挑"脚水"

橘 子和甘蔗是我们梅溪大队的主要农副产品，而种植橘子和甘蔗需要大量的粪料。当时，这些粪料主要是靠到丹城里去买大粪来解决。我们那里的土话把大粪叫 "脚水"。所以，平时队里总是要安排社员到丹城挑"脚水"。

梅溪大队社员口中所说的挑"脚水"，其实包括两个环节：一个是采买、收购"脚水"，另一个就是把"脚水"挑回来。

先说买"脚水"。那时在丹城，基本上每家每户在自家的房子旁边都有一小间厕所，供一家人方便之用。几天下来，总有像梅溪这些地方的农民前来收买，一担"脚水"也可以卖几角或块把零用钱。

以前，平时总能看到母亲和一些女邻舍与前来买"脚水"的农民们为了多几分、少几分钱，在那里讨价还价。现在，轮到我自己干这样的活了，有时碰到熟人总会觉得很难为情。再说，买了"脚水"，还要找附近的河埠头去把粪桶洗干净后还给人家。那时候的丹城老城区，与现在的城区相比，简直就是屁股大一块地方，大部分人基本上相互之间都认识。所以，每次到丹城买"脚水"，我总是想避开一些亲戚朋友或同学等熟人，尽量到一些偏僻的地方去买。有时候，哪怕就是价钱贵一点，只要快点买好也算了。如果自己家里的粪桶满了，就顺便挑回来凑顶一下。

那时，生产队里的工钱一般都是要到年底分红才可以分得现钱，而唯独社员去买"脚水"、买灰的钱，是当天就给结算报销的。由于每次买"脚水"回来的价钱都是由各人分别申报的，所以，有个别贪小的社员有时会多虚报一些，但差额不会太大，一次也就是多领几分到一角钱罢了。当时像我这样的知青，脸皮相对薄些，一般也不愿意为了几分钱计较着讨价还价。所以，有时候就是"脚水"买贵了，也会宁可自己倒贴点，在队里少领几分、一角的。

买好"脚水"后，就要挑回梅溪。丹城到梅溪约五里地，那时还没通汽车，铺的都是机耕路。出丹城到东谷湖后，要经过塔山的一个小山坡，再过去还要翻过姚家山的一条小山岭，然后沿着西河潭水库坝走到东头，就到了我们生产队存放"脚水"的大茅坑。这是我们每次从丹城挑"脚水"到梅溪的固定线路。

由于一年到头要到丹城挑数十次"脚水"，所以这是梅溪大队社员的主要农活之一，也是每个社员必须具备的生产本领。同时，按队里的规定，到丹城挑一趟"脚水"，就算出工半天。而手脚利索的人，一早出门，不到两个小时就可以搞定。这样，整个上午就可以到自留地里做自己的活了。所以，这也是社员们平时比较乐意干的一件活。

一担满桶的"脚水"，分量约在一百二三十斤。当时大队里绝大部分十八九岁以上的男劳力，一般都可以借用踩柱（一种用于在挑担时扛在另一个肩上予以借力的工具）挑一满桶的"脚水"，盘肩不歇从丹城挑到梅溪。

记得我刚开始挑"脚水"时，只能挑上半桶左右，跟与我年龄不相上下的一些女社员挑的分量差不多。而且，路上歇脚的次数也远远要比其他人多得多。所以，当时自己觉得很没面子。

那时，去丹城挑"脚水"，一个月少的要挑几次，多则要挑十来次。而我每挑一次"脚水"，就强迫自己往粪桶里加一点分量。而且，尽量减少歇脚次数。有时候，腿上长脓疮，导致大腿淋巴发炎，也总是咬紧牙关坚持着。

凭着年轻人争强好胜要面子的心理，我也慢慢地从挑半桶到挑大半桶，直到能挑一满桶。几个月下来，就同大队里绝大部分十八九岁以上的男劳力一样，借用踩柱可以挑一满桶的"脚水"，盘肩不歇从丹城挑到梅溪了。

　　后来，在丹城家里，自豪兴奋地告诉家里人，我也终于能挑得动满担的"脚水"时，母亲撩起了我的衣衫，一边抚摸着我那已经被一担担"脚水"压磨得起了一道又黑又厚老茧的肩膀和颈背，一边流下了心疼的泪水。

# 买灰记

草籽是早稻的基肥，春耕前大部分稻田里种的都是草籽。而要使草籽长得好些，一般在年底总要施上一些柴草灰。草灰对于草籽有两个基本的功效，它既是促进草籽生长的一种肥料，撒在田里又能起到给草籽保暖的作用。所以，在农闲时节，队里往往会安排社员到爵溪去买灰，积存起来，到年底撒在草籽田里。

记得是在1977年六七月份的一天，队里安排社员到爵溪去买灰。按队里的常规，买一担灰回来，就算是赚上一天的工分了。梅溪到爵溪的路程约在15里，再加上到各家各户去收集柴草灰，花上半个钟头，一个来回也就三个多点钟头，挑担走会更快些。所以，社员们为了早一点把灰买回来，往往是一早就出门，在中午以前就可以回家多干些自留地里的活了。

那天是我第一次去爵溪买灰，我在早上5点左右没吃早饭就挑着箩担跟着社员们出发了。梅溪到爵溪，要经过一条赵岙岭，这座岭的上下坡都在两里路左右，但它的陡峭在当地却是有些名气的。由于我是第一次走这条路，有些新鲜感，边走边看看路边的风景，一个钟头多点就到了爵溪。

进了爵溪城后，碰到卖家的柴草灰数量比较多，收集了两三家就装满了一箩担。我记得很清楚，那天我挑着买好的一担箩灰，在爵溪城内开始往回走的时候，就想买些东西吃点早餐。但听到喇叭里传来的在那个年代早上6点半"新闻和报纸摘要"节目的前奏曲东方红乐曲声时，又想，挑回去也就一个多点钟头，这样，8点多一点就可以回到家里了。所以，想想回家后再吃也罢。于是，挑起灰箩担就上路了。

一担柴草灰的分量，加上为了挑担走路时避免草灰纷扬起来，装填草灰时要在箩担的草灰上面洒的水的分量，一般在一百二三十斤左右，比平时我们到丹城去挑的一担粪桶要稍轻些。因为经过一年多的下乡锻炼，那时我已经可以挑一满担粪桶，不歇肩从丹城挑到梅溪了。所以，爵溪到梅溪，路程虽然远些，但挑这一担柴草灰，当时对我来说，也不是一件太困难的事情。

但是，我必定要为那天的不吃早饭就挑着一担箩灰往回走的鲁莽行为而买单。

出城的几里平地路还好，但一到爬赵岙岭时，双腿就打起颤来，肚子也开始饿得咕咕直叫。撑到上岭的三分之一处，有个过路凉亭，赶紧歇了下来，跑到路边的溪坑里，趴下就喝，喝到胀肚为止。躺在凉亭里的石凳上稍作休息后，又继续挑着担往上爬。

可是，没走多久，黄豆大的汗珠从我头上直冒下来，两腿就像灌了铅似的越来越沉重起来。每走一步，仿佛比登天还难。后来听老社员们说了才知道，其实，空肚子喝溪坑水，再去挑担爬岭，更会加重挑担人的饥饿感和吃力痛苦程度。但当时我还是凭着年轻气盛的豁力，极其艰难地又爬了个把钟头，终于爬到了岭顶。

在岭顶休息了好一会，我心想，过了岭顶后，下岭总会轻松些。于是，咬紧牙关，挑起灰箩慢慢开始往岭下走。但殊不知，空肚挑担下岭远比上岭的难度要大得多。因为挑担下岭时，尤为需要比上岭更强劲的腿力支撑。我感到肚子空得像前肚皮已经贴到了后背脊。尤其是双腿一直颤抖打软得不行，但还是一步一颤、步步颤颤地坚持着往岭下挪。然而，到了下岭的三分之一处，终于再也走不动一步，放下箩担后，就倒在了路上。

躺了好久，抬头往旁边一看，发现路的左边不远处，有一片西瓜地。当时就像看到了救星似的爬了起来，有气无力地好不容易才走到瓜地。见到一个老伯坐在瓜棚里，赶紧从口袋里掏出两块钱，在简单说了一下原委后，央求他不管西瓜是生是熟卖个给我充充饥。再说，在当时用两块钱买个西瓜，也算是天价了。不料，这位老伯却以这片瓜地还未曾开摘过的理由拒绝了我。尽管我再三恳求，但他还是不肯卖给我。

当时我对他的愤恨之心可想而知，但后来听社员们解释，其实，这个老伯拒绝卖瓜给我是有原因的。因为按当地的民间说法，凡是在还没长熟的瓜地摘瓜吃，整片地里的瓜就会全部长不熟。所以，当时就是打死他，他可能也是不会卖给我的。

怀着十分沮丧的心情，拖着沉重的步伐，当我回到岭上的箩担边时，便倒地睡在了那里。昏昏沉沉地不知睡了多少时间，迷迷糊糊之中听到有人在喊我的名字，睁眼一看，是我原来三同户的阿刚叔。

原来，那天阿刚叔见我们生产队一起去爵溪买灰的社员早都已经全部回来了，唯独我过了中午11点多也没见回来，还打听到有人看见我是落在了后面的，料想我在路上肯定出了状况，于是就顺着挑灰的路找到了我，把箩担帮我挑了回来。

当我跟在阿刚叔后面走到离梅溪还有二里的后山大队路边的一个小店时，马上买了十只一角一只的芝麻饼和两瓶汽水。但一口气就着汽水只吃了三四只，便噎得再也吃不进去了，其实这时候肚子早已饿过头，也吃不下什么太多的东西了。

这次爵溪的买灰经历，是我在两年的梅溪下乡插队所干的农活中，给我留下印象最深和最痛苦的一件事情。

# 双抢的一天

**我**在梅溪大队两年插队落户的时间里，参加过两次双抢。江浙一带水稻一般种两季，七月早稻成熟，收割后，得立即耕田插秧，务必在立秋前后将晚稻秧苗插下。因水稻插下后得六十多天才能成熟，八月插下十月收割。如果晚了季节，收成将大减，甚至绝收。

在这段时间里，既要抢着先收割早稻，又要抢时间种下晚稻，收割，犁田，插秧十分忙，所以叫双抢。这也是一年中农村最繁忙，农民最辛苦的时节。

其中，1976年的双抢，我还住在三同户阿刚叔家。1977年的那次双抢，我已经搬到了当时大队专门为我们六位知青建造的知青屋里，独自一人生活了。

比起在阿刚叔家里的日子，那时我的生活就比较艰苦了。尤其是在双抢农忙时节，活重人更累，是一年中最痛苦难熬的日子。每天各家各户包括十几岁的小孩，几乎都是举家上阵。就是平日在外有工作单位，只要户口还留在队里的农购户以及在乡校的民办教师也都会回来参加双抢。

双抢是中国社会农村大集体化时代的产物。那时每逢双抢大队还要开动员会，但由于大家都抱着吃"大锅饭"的思想，出工不尽力，每年的双抢要持续近两个月时间。

我当时参加双抢的每天劳动时间及内容大致如下：清晨4点多起床,没来得及吃什么东西就出门去拔早秧至早上7点；回家烧吃了早饭去割稻、打稻；中午11点多挑稻箩到晒谷场；回家12点左右烧吃中饭；稍作休息后下午1点半左右出工去插秧；晚上7点左右歇工后去挑稻草回家；8点左右烧吃晚饭；9点左右洗衣洗澡；10点左右上床睡觉。日复一日，将近两个来月。

每天天还未亮，我在乡邻们传来的起床和提拿农具发出的嘈杂声中醒来，揉着睡眼惺忪的眼睛。那时，其他农户在吃完了主妇早就为家人烧好的早点心后，已经准备出门了。而我却空着肚子，听到小队长和社员们的吆喝声后，就赤着脚跟着大家出工去了，双抢期间的一天就这样拉开了序幕……

早上清凉，是拔秧的好时机。清新的空气里夹杂着泥土的芬芳，田埂上的小草伸了伸懒腰，身上的露珠晶莹剔透，像一颗颗珍珠，不时滴落在奔走田埂的我的脚背之上，还透着一股股沁心的凉意。但那时候，哪会有什么心思顾得上欣赏这种诗情画意般的田园风光呢。

走进秧田，坐在一条专门用来拔秧的T形小凳上，那时也叫秧凳。一大把整齐的扎秧草放在密匝匝的秧苗上，大家开始把秧苗一小把一小把地从秧田里拔起来，凑成一束，放在秧田之间的沟夹里，把秧苗根部的泥巴洗去，再从旁边抽出几根扎秧草，简单缠绕拧成细绳，打个活结，随手把一束秧苗扎起来后，丢在身旁。

拔秧最重要的是每一把秧的根部要平齐，否则会影响插秧的深浅度，给插秧增加难度。双手同时拔秧，技术难度高，就好像是双手弹钢琴，要具备比较好的协调性。像我这样的新手，刚开始，一般是做不到的，就是用单只手来拔，很多拔出来的秧束也总是参差不齐，更不用说双手去拔，就是拔了，也只会比单只手拔的秧束质量更差。十来天苦练下来，我才开始双手同时拔秧了。

两个多小时后，太阳初升时，我饥肠辘辘地从秧田里走上来，回家烧了几口泡饭。还来不及等到刚烧开的泡饭能凉得可以进口时，外面又传来了出工的呼唤声，只得狼吞虎咽地吃上几大口，便匆匆跑了出去追赶走在前面的社员。

当时梅溪大队双抢的时候，一般上午安排的是割稻，下午则安排插秧。当然队里会安排一些精于农活的行家里手去整理好水田，待下午插秧，或到不能用拖拉机耕田的稻田里牵着牛去耕田。队里的大多数农妇每天则会在料理好一家人的三餐和点心及日常的家务之后去晒谷场晒谷。

每天上午7点许，社员们就来到已经成熟可以收割的稻田。在割稻的稻田里，其实有割稻、脱粒、扎草秸、拖脱粒机、拖整稻草秸，整理稻谷装箩等好多环节，队长对劳力也会进行合理的分工安排。

先说割稻。到了田头后，所有劳力都会先割会儿稻。每人手持一把砂戟刀尽可能顺着水稻倒伏的方向将其一一割断，一把把往旁边放，几把一堆，并理成扇形的稻束。每堆稻束的大小为一双手两个虎口差不多刚好能合捏起来。一块块稻田在砂戟刀的嚓嚓声中，起先整片金黄的稻穗渐渐不见了，随之露出了一截截整齐的稻桩和一堆堆排列有序的稻束。

割稻时，有力气，手快，这是好手。也常见到在田野里像我一样的新嫩手，捂着手满脸痛苦、急匆匆地往田埂上跑去的，一定是因为手快比不过刀快。如果割稻时稍不留神，锋利的砂戟刀就有可能亲吻你的手指。如今自己手上的刀疤依旧如新，只是不知道那把砂戟刀已烂在了哪里……

割稻虽然不要用太多的脚力，但必须弯着腰，只要稍微直起腰肢休息一下，就落在别人后面了。太阳开始灼热起来，汗水顺着脸颊不断地淌下来，偌大一块稻田似春蚕啃桑叶一般逐渐空了出来。

当田里的稻束已经有一定的存量后，其他人会留着继续割稻，十八九岁以上的男劳力则开始打稻脱粒。我在插队的那时候，大部分的稻田都已经用上了电动脱粒机。但有些山脚的小块稻田由于没有通电接上三相线，还在用通过脚踏板的连杆带动大齿轮，再通过齿轮传动，带动滚筒脱粒的脚踏打稻机。

打稻时，虽然可以摆脱割稻时老是弯着腰的难受，但必须要有较强的双手合捏的握力，尤其是在使用电动脱粒机时。由于电动脱粒机的转速快，拖力大，稍不用力捏紧，手中的稻束就会被拖滚进稻桶里。我刚开始打稻时，就经常发生这样的状况。

还有，打稻也是一个技术活，手拿稻束不断地在脱粒机上翻滚，如翻滚得不均匀或时间太短，稻穗上的谷粒就会去得不干净，造成稻谷浪费。若翻滚时间太久，不但费时，而且会把过多的草屑甚至稻梗滚进稻谷中，从而又造成麻烦。

稻束脱粒以后，还要把两三束稻草合在一起，且抽出几根简单搓合几下，在稻梗与稻穗交接的位置，打上一个结，扎成一把把稻草秸。

打了一阵稻，当脱粒机周边的稻束打完时，就要挪动一下脱粒机的位置。如果是一般的田块还好，要是像六亩松这种面积大，又已经被中型拖拉机耕过几年的田块，土已变得松软，人站在那里，田里的淤泥就已经过膝，再加上经过脱粒机一段时间的振动，脱粒机在周围的淤泥里也是越陷越深，挪动起来十分困难。就是几个正男劳力费尽全力在那里拉的拉，推的推，有的人全身都湿透了泥浆水，要拉起陷在深泥里的脱粒机，真真是件非常吃力的苦差事。

特别是使用脚踏打稻机，更是很费力气的事，非常辛苦。两个人用脚死劲踏，合作时手脚还要有步调一致的协调性。拿稻束放在滚筒上脱粒，几个人上下轮换。稍不用力，滚筒卡死了，或者滚得慢，没工效，须咬紧牙关始终用力踏。虽然有的人肩上会扎条汗巾，但没有一个不是汗流浃背的，总是有擦不完的汗水。

天上的太阳闪着刺眼的白光，灼热难当；田野里稻浪一片金黄，到处都是打稻机的轰鸣声。临近中午，骄阳喷火。好不容易等到队长看看稻桶里的谷子差不多可以装满全队带来的稻箩时，割稻的才停了下来。男劳力开始往稻箩里装稻谷，一些女劳力及年纪不大的半劳力则把已经割完稻的每块田里所有的稻草秸一把把拖到田埂上。

那个时候，稻草是农村煮饭、烧水的主要燃料，同时也是用来盖茅屋房顶打草扇用的原料。拖到田埂上的稻草，三丘两丘的合在一起，由队长做一次分配，分得稻草的数量与各家的工分、人口数量挂钩。

那时候，所有男劳力要将田里每一只装满稻谷的稻箩挑到田埂上。此时头顶烈日，且早上只匆匆填了几口泡饭的肚子早已前肚皮贴到后脊背，双腿深陷在淤泥过膝的稻田里，再要将满满的一担稻箩挑到十几米、几十米外的田埂上，这种劳动强度和吃力程度是没有这种经历的人所难以想象的。

然后，每个正男劳力各自挑一担，女劳力及年老年少的半劳力则两人抬一只稻箩，从田野上已经割完稻子的田头出发，就像是一小股行军队伍前前后后行走在乡间的小道上，直到队里的晒谷场。

到了晒谷场倒出稻谷，挑着空箩回到家。进门后迫不及待地掀开灶边的小水缸盖，舀上一大碗，喝下几大口，以解经过一上午强体力劳动的口干舌燥，换来一丝暂时的爽快。由于中午歇工的时间较短，回家就得马上开始淘米烧饭。至于伙食，如果炒一碗自留地里的土豆之类的地头货算是很好的了；家里知道我双抢时的辛劳，也会隔三差五地送一些咸菜炒黄豆或咸带鱼之类可以短时间存放的菜给我改善一下；有时候"三同户"家的兄弟姐妹们也会给我搬来一碗烧好的包心菜炒土豆；看到门前自己种的丝瓜藤上能有可吃的丝瓜，摘根下来烧碗丝瓜汤也是觉得幸福满满的事情，碰到实在没有什么东西煮的时候，那只能是泡碗酱油汤就饭应付了事。

另外头疼的是，双抢时间太紧，有时候还没等你洗烧好了来得及吃，就已经要出工了。再说，另一方面，双抢时每每回到家里，已经是疲惫不堪了，总想躺下来能歇会就多歇一会，就懒得去讲究吃些什么了。

草草吃完中饭，饭后的短暂小憩是一件非常惬意的事情。在上床之前，先赤膊擦擦身子，发现胳膊上、胸脯上已然留下了一道道被稻梗稻叶划扫的红痕，冷水一浇，这才感到一阵一阵刺辣辣的疼。

正午的窗外，知了声嘶力竭地嘶鸣着，好像在倾诉着夏日的炎热，与各种虫鸟的鸣叫声在村野上空交织，奏出了我心中的艰辛和心酸，奏出了我心中的惆怅和迷茫……

迷迷糊糊打了一会盹，不远处传来的一阵阵嘈杂声又在召示我下午出工的时候到了。捧起在之前还未来得及倒掉的洗脸盆里的一把水，在脸上擦了擦，然后挑起畚箕就匆匆地往外走去。

走到水田，先抓起畚箕里的秧苗均匀地抛撒在田里。这时候，除了山边小块的水田之外，大家会用一根长度与种栽十二株秧苗宽度一样的小竹竿，用于定距。再在水田短边的田埂上，按照这个距离拉起一根根秧绳，并把它固定在田埂上。然后，在两根秧绳之间由两个人并排插秧，每人各插六株。由于农民每次种田，都是每个人插六株秧，而且，在以后耘田时，也是各耘六株秧，为此，我们当地把农民戏称为"摸六株头"的人。

插秧是个技术活。它的技术要素包括秧的根部处理、插秧的深浅度、整齐度和速度几个方面。首先在插秧时，要使秧苗根部的末端，尽量不要超出插入田里的几个手指的指尖。这样，就能避免在栽种时秧苗根部造成弯曲，使秧苗免受伤害。其次，要把握好插秧的深浅度。秧插深了，会造成晚熟；插浅了，可能会浮起来，没栽住。所以，如果插得不好不能成活，回头还要补棵。最后，秧苗插在田里要整齐，关键要掌握前后左右的间距。那时候农村种田强调密植，纵向横向间距以四六寸居多。再说，速度慢点出的是短时间的洋相，如果是哪拢秧插得不整齐，每次大家来耘田经过这块田就会笑称是某某人的杰作，留下的则是长时间的笑话。还有就是速度，老手弯腰次数少，左右手配合好。像我这样的新手老弯腰、左手托在左膝盖上，肯定会慢了，要被"关门"或等家里人帮忙是件很难堪的事情。

而对于我，说来容易，真正做起来却是有一定难度的。在插秧时秧苗根部的处理到不到位、深浅度和整齐度几个方面，由于我平时做事情爱琢磨，几天下来大多心里就有数，而且也能基本掌握了。就拿插秧的整齐度来说，其实插秧与写书法有着异曲同工之妙。插秧就像写楷书，既要讲究每个字的工整，又要注意整体布局要有章体感。

好在我平时写毛笔字还有些功底，在注意前后左右所插每株秧间距的基础上，同时注意到插秧时不能局限于眼前的几株，近处看会越插越歪，而要尽量朝远处看，这样插出来的秧就会比较整齐。

但是，插秧的速度快慢是明摆着的事情，速度快是硬道理。双抢的前半个月对于我来说，秧插得慢，出现尴尬局面是经常的事情。刚开始，知道自己插秧速度慢，我总是往十四五岁的姑娘旁边凑，原以为她们插秧会慢点。想不到这活就是小姑娘们的拿手好戏。大人们一天下来，腰酸背痛是常事。但她们则不一样，经过一晚上的酣睡，第二天依旧精力充沛，什么事也没有了。插秧时就是壮劳力也比不过她们，与她们为伍，简直更是相形见绌。

小田块还好，就是慢点也差不了几分钟。但碰到长一点的田块，经常是人家早已插到头，站在田埂上抽烟的抽烟，喝水的喝水，休息一小会。而我常常会落后一大截，好在我三同户家的几个小姐妹这时候总是会过来帮我忙。特别是有时候在田中央的位置，当她们帮我把那一拢的秧插好以后，在众目睽睽之下，我还得独自一人从田里秧苗之间的缝隙中走出来，这种现象被大家戏称为"关门"。对我来说，当时这种滋味的难受可想而知。

为了尽量避免在田中央被"关门"，在好心人的提示下，接下来的几天，我总是挑挨着田埂边的那一拢去插。这样就是慢了，有人帮我来插好后，可以直接走上田埂，因此相对可以降低一些尴尬程度。

老是被作为帮困对象总不是事情，为了尽快脱困，我仔细观察插秧老手们的动作要领，慢慢领悟。我发现像我这样新手的问题主要是为了缓解腰受不了频频直腰外，还经常为了减轻弯腰的难受，老是将左手的手肘撑着左腿的膝盖上，每次右手到左手拿秧都有一段距离，造成时间的浪费。而且，每一行秧自始至终总是自左往右插。

而这些老手们则不然，首先是他们弓腰有序，除了在插完了一把秧后，需要抓起另一把秧的时候直一下腰之外，平时很少直腰。其次是他们的左手始终是悬空着跟着右手贴在水面插秧的位置，而且在右手来拿之前，早就已把每一撮秧苗掐分好，这样，插每株秧的时间就会大大缩短。还有老手插秧时都是采用左右来回的方法，又省时不少。

如此看来，新老手之间的差距显而易见。仔细琢磨后，我咬着牙齿苦学苦练了十几天，终于脱困。在插秧时，再也见不到我上演被"关门"的洋相剧了。

插秧一个下午的痛苦受累并不亚于上午的割稻和脱粒。首先是热，下午插秧是最热的时候。经过近一个月的高温酷暑，盛夏午后的天空上，没有一朵云彩，白晃晃的太阳像火盆子一样挂在上面，此时的老天吝啬到整个田野一丝风都没有，再加上中午烈日的炙烤，天地就像一个巨大的蒸笼，热得田里的泥鳅都会经常被烫死不少。有时双脚一落进田里，就会被烫得跳回田埂。头上太阳晒，脚下热水烫，热气直往上冒。社员们个个汗流浃背，草帽下的汗水顺着额头流到眼里，一阵热辣辣的咸味刺疼眼睛……却也无法分出手来擦一把，非常难受。

其次要命的是腰背，一方面弓腰插秧，整个腰背全裸在太阳底下，感觉像一盆火在腰背上烧烤。更难受的是经过一上午的割稻和脱粒，早已是腰胀背酸，再弯着腰插秧整一个下午，腰背的酸胀感几乎是接近极限，这种痛苦绝对是没有这种经历的人所无法想象的。

再就是蚂蟥的叮咬。水田必须要水源充足，恰恰也是蚂蟥的天堂。插秧时必然会有几条蚂蟥吸附在腿肚上，一头粘连在腿肉里，不知不觉地吸着血。有的还会爬到人的上半身，等回到家里擦洗时，随着脱衣服时的刮擦，方才发现吸附在腰背部的一两只早已血吸得滚圆滚圆的蚂蟥，自己滚落在了地上。

经蚂蟥叮咬过的地方，还常常会发痒，抓搔多了皮肤往往会感染。同时种田是极易损害皮肤的，田里的泥巴和水都具有腐蚀性。尤其对于我这样皮肤本来就不好的人来说更是如此，溃烂严重的时候还会引起大腿部的淋巴发炎。特别是在双抢时发生这样的情况，简直是雪上加霜。

有时，水田里还会突然发出一声恐怖的尖叫声，肯定是哪位小姑娘碰到身边的水蛇了。旁边的小伙子赶紧过去解围，抓起水蛇，使劲一甩，蛇骨便顿时散架，然后扔向田埂。

火红的太阳渐渐落下去，好像整天锋芒四射让它自己也不好意思了，在这黄昏时分透出了些许温柔。经过大家一个下午的辛苦劳作，一棵棵秧苗也就慢慢将水汪汪、白茫茫一片的水田装扮得郁郁葱葱起来。

天色渐黛，四起的阵阵炊烟飘忽在田野上空，仿佛在告诉已经辛劳了一天的人们也该歇歇了。当插完当天最后一块田的最后一株秧时，随着队长的一声吆喝，大家纷纷收起各自的农具，结束了生产队里的一天双抢活。

经历一天的劳作，体力消耗得所剩无几。在歇工回家前，大家还得去收拾中午队里分得的还在田埂上的稻秸。刚收割上来的稻秸秆等含水分多，大家往往会把田埂上沉甸甸的稻草先拖到沟渠旁等稍宽的空地，等晾干水分后，过几天再挑到家里附近的路边去晒，晒干后叠起一堆堆草蓬。

而一天下来我一方面已经是疲惫不堪，好不容易挨到歇工，再也不想动弹，但任由稻秸秆烂在田埂上，又会影响队里整理秧田，另一方面我一个人生活对稻草没有什么大的需求，大多会将队里分给我的那些稻秸秆往三同户家一送了事。

拖着沉重的步伐，摸黑回到知青屋，早已是精疲力竭。好在那时候我们梅溪大队农民的米缸还是比较充盈的，烧上一小锅米饭，除了晚饭吃几碗，还得留下一些明天当泡饭吃。晚饭的小菜则稍微做一两个，尽可能地吃饱一些，以补充体力，因为明天还要付出同样的辛劳。

吃完晚饭，来到知青屋旁边的溪坑，痛痛快快地洗个澡。然后有气无力地搓几把满是泥浆的衣服，因为，此时衣服的干净度对我来说，已经是没必要也没心思去考虑的问题了。

拿起算是洗过的衣服，摊放在屋门口的小草蓬上。进屋后全身就像散了架似的往小板床上一躺，此时，已是晚上10点左右。劳累的一天终于结束了。

　　整个村庄，夜已深，人亦静。四处传来的蛙鸣声和屋前屋后蟋蟀的鸣叫声，仿佛在一刻不停地催告着人们赶紧休息，明天的劳累还会依旧。

　　由于年轻，一着床板，来不及多想什么，我就很快酣睡过去。此时，或许只有在梦乡里，才能忘却一天的苦与累，忘却生活的艰辛与人生的惆怅。

　　而今，农村几乎消失的双抢，于我来说，已化成一种融入血液与骨头里的记忆，萦绕盘踞在我的心灵深处，其滋味刻骨铭心、五味杂陈，甚至还觉得有些悲壮……

第三辑

曾经的青春

# 那时我们正年轻

## ——写在进宁波渔业钢丝绳厂40周年之际

宁波渔业钢丝绳厂是我在下乡插队后被招工到宁波的第一个工作单位，我不但在那里工作了20年，也是我成家并算是立业的地方，有太多太多尘封已久的往事让我回忆。值此进厂40周年之际，抽空把进厂初期的有关经历和一些轶事写成此篇，以感谢诸位钢丝绳厂老同事们多年来给予的关爱和支持，并希望能得到大家的共鸣和指正。

## 招工进厂

1977年下半年，中国社会发生了改变我们这代人命运的两件大事，一是恢复了高考，二是下乡知青开始较大规模地被招工进城。那时我参加了当年高考的报名。然而，在11月份，宁波海洋渔业公司在象山分配了几个知青招工名额，当时下乡刚满两年的我，有幸作为其中一员进行了体检。由于当时的历史环境，招工还须通过政审等严格的程序。所以，做完体检后就回生产队继续干活等候是否录用通知。

12月中旬，在参加高考期间，我接到了宁波海洋渔业公司的招工录用通知书。因此，我就放弃了余下的高考科目。收到的招工录用通知书说，叫我们在1978年的春节之后上班报到，这就意味着有两个月的时间可以休闲，工资还照发。这对我们这两年在农村劳作吃足了苦头的知青来说，真是幸福得不得了的事情。这段时间可以说是我一生中最放松、开心的日子。期间，还有好事情，春节前十来天，单位又寄来了一封信，信里有四五张年货领用券叫我们年前去单位领取。第二天，我起早坐了四个多小时的汽车赶到宁波海洋渔业公司，领回了这些年货。记得有各30斤的大黄鱼、大带鱼、大鲳鱼、乌贼等。好在经过农村的锻炼，再加上高兴，挑这一百多斤的东西上下车回家根本不在话下。尽管当时大黄鱼才2角4分一斤，每斤比带鱼还便宜2分钱，这些水产年货当时加起来也才30来块钱，已经是很不错的福利了。再说都是野生货，如按现在的市场价，仅30斤大黄鱼起码就值十几万元了。

经过两个月左右的休闲和等盼，在度过了我二十一年的人生中最愉快的春节之后，1978年2月中旬，我来到宁波海洋渔业公司报到，成为一名全民单位的工人。经过两个星期的进厂新工人培训学习，我们这批人员一部分留在了渔业公司。我和其他大部分人被分配到了隶属于当时的农牧渔业部并由宁波海洋渔业公司筹建的镇海渔业基地宁波渔业钢丝绳厂。

当时全国搞了多个如十大钢铁基地、十大煤炭基地、十大炼油基地、十大渔业基地等大型建设项目。镇海渔业基地便是全国十大渔业基地建设项目之一。镇海渔业基地位于宁波以东10千米的镇海清水浦，与镇海炼化、镇海建港码头、镇海发电厂称为镇海四大工程。按照当时的建设计划，该项目要建成一个有150对渔船的船队、一个与之配套的停泊码头和航修船厂、一个储存量为5000吨的水产品冷库。还有一个就是我们所在的年产3000吨的渔业钢丝绳厂。

我们来到渔业基地时，配套150对渔船的停泊码头正在开挖基础，储存量5000吨的水产品冷库也已开始打桩的前期准备工作，航修船厂尚未开工建设。我们的钢丝绳厂是整个渔业基地工程建设启动较早的工程。一座四层的办公楼已建成，拉丝车间、镀锌车间、钢绳车间等主厂房已完成结顶，但车间的墙面还未砌成，其他一些生产配套设施基本还未动工。

生活设施方面，当时我们住在一栋四层楼的集体宿舍，20平方米左右一间，8个人合住高低床。开始食堂也比较简陋，就在海门桥头进来的一座简易平房就餐。当时我进厂的工资才13块5角。那时候叫安排生活费，一个月30斤饭票，1角6分一斤，花去5块。每天用的菜票大约是，早餐花两三分钱就可以了，中餐和晚餐都在1角之内。当时大家都只吃一个菜，而且一般情况下，好像食堂也没有价格超过一角的菜。这样一个月的饮食费用十一二块也就够了。另外，当时的全民单位每月工资里有两三块的粮食补贴，记得招工第一年还有十几块的衣着费。那时穿的衣服几乎不用花什么钱。平时上班还是休息基本上大家都穿单位发的工作服。当时我们穿着胸前印有"宁渔"字样的蓝色帆布工作服走在宁波东门口的大街上，不但自我感觉极好，而且不是吹牛，还会有极高的带有羡慕眼神的回头率。

当时能每餐吃上食堂的热饭热菜，睡在单位分配的集体宿舍，穿着单位发的工作服，每天只工作八个小时，每月还能领上固定的工资，这对我们这些刚从"广阔天地"解放出来的知青员工来说，简直就像是进了天堂过上了神仙般的生活。

我们第一批人员到厂的时候，就100多号人，主要由四部分的人员组成。一部分是厂在筹建初期时从渔业公司抽调来的十几位人员，当时他们中的绝大部分都担任了厂里的各级领导管理干部，如厂级领导鞠广德书记、朱锦宝副厂长，中层干部朱永章、乐君君、陈祖根、张金发等；有一部分是清水浦厂区当地的土地征用工，如胡江林、张云海等；再一部分是宁波市区及鄞县文革后不再上山下乡的城镇待业分配的青年，如王国芳、王建英、崔素贞、张飞峰、华国平、刘跃等；还有一部分就是当时宁波各县市区我们一批抽调上来的下乡知青，除我之外，还有宁海的孔允康，余姚的鲁雪芳，慈溪的徐建长，镇海的陈建平、冯毅、胡翼远、桂建兵、李月萍、高新爱等。这大批包括1978年第二批招工的知青员工，是"文革"后较早被招工进城的下乡知青，按那时候的说法，是表现较好，按现在的说法应该是素质较高。与我们国家的政治生态发展轨迹相类似，我们这批知青员工中的很多人在以后陆陆续续地走上了厂里及各部门和其他单位的领导岗位。

到厂里后，领导马上对每个人的部门和工种做了分配。说来可能现在的年轻人很难相信，如同当年安排工作大家都想去企业，而不愿到机关、事业等单位一样，大家也都希望最好是当个车工、钳工、电工等技术工人，反而不愿到科室、后勤去当个管理人员或比较轻松的辅助岗位。这从当时各类人员的工种分配来看就可以说明一些情况。在宁波市区及鄞县"文革"后不再上山下乡的城镇进厂的人员中，有好多是渔业公司的职工子弟，他们当中的很多人安排在了技术工人岗位。安排在食堂等后勤辅助部门岗位的大多是土地征用工，科室管理岗位安排的人员比较少。绝大部分安排到各生产车间当了生活比较苦、脏、累的操作工，包括像孔允康等一些素质条件较好的知青。因为在我的印象中，第一批进厂的员工，只有孔允康极个别的是党员。可能当时领导是出于加强车间一线的骨干力量，或是更有利于培养他们的考虑吧。那个年代大家也没有去太多地计较这些，只要能安排有份工作就行了。如放在后来几年，还不挣个头破血流。当时就在我们第一、二批进厂的员工中，有好多人的父母是县处级的干部，科级干部则更多了，他们绝大部分也去各车间当了操作工。可见在那个年代大家认为这些都属于正常。

而对于我来说则是个例外。开始，厂里安排我去机修车间当钳工。当时钳工这样的技术工要学徒三年，学徒月工资才13块5角。而操作工属于普通工种，不必当学徒，月工资可拿25块。由于我在农村下乡的两年中有一年是在学校里代课，工资每月有30几块，所以当时心理落差比较大，为此找了负责劳资的领导提出意见后就去钢绳车间做了操作工，具体岗位是捻股机挡车工。想不到只过了两三个月，那时我在无锡培训，中央出台政策对知青网开一面，文件规定知青招工后，不管什么工种，月工资一律调整为25块。对我来说，真是悔不当初，但为时已晚。当然这是后话。

由于我们进厂时，项目刚开始筹建。那么多人呆在厂里也是无所事事，同时也为了使我们能够学习操作技能，在厂建成后能尽快投产，我们在进行了短期的集中学习后，被分成两批，分别到上钢二厂和江苏无锡钢丝绳厂进行培训。到当年底结束培训回到宁波。

1978年底，厂里又招收了第二批员工。由于当时知青已大面积招工返城，所以这批员工当中，知青占了一大部分，其中余姚、慈溪、镇海、鄞县居多。

1979年初，厂里还处于筹建阶段，员工已有三四百号人。为此，又组织我们分成四批，分别到上钢二厂和天津钢丝绳厂、杭州钢铁厂和湖南湘潭钢铁厂进行培训。

## 无锡、天津培训

1978年的第一次培训我被安排去了无锡钢丝绳厂。一起的有陈建平、冯毅、崔素贞、李月萍和徐光明等。到了那里，我们才知道以后我们的钢绳车间是个什么样子，我的捻股工干的是什么样的活。钢绳车间主要工种为打轴、捻股、成绳。说得通俗一点就像制作毛线，打轴就是绕线团，捻股就是把几根线搓成股，成绳就是将几根股搓成绳，只不过毛线是软的，钢丝及钢丝绳要硬得多。这个车间的工作劳动强度在当时的年代属于一般，但最大的特点是噪音特别大。当时，打轴工艺比较简单，而且体力相对小些，一般女工就能干。成绳工技术工艺相对复杂，且机型庞大，基本安排由男工干。我们捻股工对应的操作机器叫捻股机，根据钢丝绳直径的大小和工艺要求，大类一般分为200型、300型、400型；又根据每股各层的工艺要求分为6轴下捻机、12轴中捻机、18轴上捻机。200型6轴下捻机、12轴中捻机一般女工就能干。200型18轴上捻机和300型、400型一般安排由男工干。

可能考虑到我个子不算大的原因，当时安排我学习操作的是200型12轴的中捻机。那时我跟的是一个姓蒋的女师傅，大不了我几岁，她的男朋友也是厂里的电工，就从她平时使唤男朋友的样子一看就是个女汉子的性格。我印象特别深的是，记得第一次我们碰面，打量完我，没交流几句，就冒出了一句"你怎么来干这个，以后去干科室"，转身就把我撂在一边自己忙去了。当时我傻站着想，她到底是在恭维我还是在奚落我。虽然这个师傅的脾气不怎么地，但她的技术确实不错。在她的指教下，我很快就能独立操作了。这在客观上也为有时她与男朋友同一个班次时溜出车间增加碰面频率创造了条件。

1979年第二次培训我去了天津钢丝绳厂。我们车间同去的是徐光明，还有第二批进厂的蒋荣明、刘子平和张德明。带我的是一位翟师傅，他的特点是性格比较温和，对技术较为钻研。在了解到我们已经培训过半年多之后，很实在地告诉我，捻股工的操作要领基本都差不多，但每位师傅的手法都是有所不同的，要根据快捷、准确、节材、质优、省力等要素，注意各位师傅的操作技巧，博采众长，逐步形成适合自己的最合理的操作手法。在此基础上，他看我也算不笨，还经常和我一起研究与我们钢绳车间生产相关的一些工艺技术参数，这也为我以后走上车间生产技术管理岗位打下了基础。

无锡培训期间，除了工作之外，业余的主要活动是经常与冯毅、陈建平几个一起打打篮球，看看书。无锡、苏州是闻名于世的旅游胜地，利用休息天，我们经常结伴几乎走遍了无锡、苏州的各名胜景点。在天津培训时，抽空第一次去了北京，顺便拜访了在京读大学的我高中的几位同学，游览了天安门广场、故宫、颐和园等名胜古迹。

两次培训期间，正是年轻一人，无牵无挂，又与下乡支农的知青艰苦生活形成了鲜明的对照，所以是我一生中难忘的最开心的，按当今的话来说是幸福指数最高的一段时期。

## 投产前后

1979年下半年，大家结束了培训回到厂里。从后来的史实材料了解到，当时国家对近年盲目搞的一些大干快上的项目做了大幅调整，包括我们渔业基地的150对渔船的船队和与之配套的停泊码头以及航修船厂都已确定下马，5000吨的水产品冷库项目也被缓建。只保留了已经建得差不多的钢丝绳厂项目，但建设进度也受到了一定的影响。

在我们结束培训到1980年8月厂子投产前后，印象比较深的有几件事。一是厂里成立了团总支，乐君君当老大，其他的有孔允康、陈建平、徐建长和我几个人参与。当时我们编纂了团刊取名叫《扬清》。刊名为算是个秀才的陈建平提议，取成语"激浊扬清"之义，同时结合厂址地处清水浦之中所含的"清"字，故寓奋发、振兴之意。二是各车间组织学习，内容也很有当时年代的色彩，学政治、学文化、学技术。记得当时我在钢绳车间还给大家当过老师，教过大家语文中的主谓宾介副连助叹之类的语法。还指导过一些新工人钢丝碰头、捻股插头等基本操作要领。后来厂里经常有人谑称我为"何先生"可能正是出于此举吧。三是组织开展了军训，大家规规矩矩每天起早像在部队当兵一般排队跑步，意在加强组织纪律性教育。还有实在没事干了，叫大家替渔业公司理鱼车间剥橡皮鱼，当时领导的说法是赚了钞票好买电视机给大家看。记得当时橡皮鱼堆里有许多黄鱼、乌贼之类，当时的人还真是老实，大家也不会去想弄点出来尝尝。搁现在，可能这些鱼早就成为各家餐桌上的美味了，拉回去的也就剩下点橡皮鱼的皮了吧。

大约在1980年8月份前后工厂开始投产，各项工作开始逐步走上正轨。

投产后我开始在钢绳车间当了几个月的200型捻股机挡车工。给我印象最深的是盛夏时节清水浦的蚊子又多又大，高温天上夜班时能叮穿厚厚的帆布工作衣，几米之内的强排风扇对着吹也赶不走，咬得人既痛又痒。加上车间里的噪音强度，有时真是有点吃不消，女职工就更不用说了。但在当时也不觉得有多苦多脏多累。记得五六年前，我儿子出国读书前，我特意带他到钢丝绳厂钢绳车间里我与他老妈当初干活的场地去感受了半小时。希望他能知道人生和生活的不易。

之后，我在钢绳车间当过三班计调工，车间调度，与梁柏生、胡玉潮、顾晓红搭档负责过车间生产管理工作；后来调到厂部先后在劳资科、外经办、人保科、厂部办公室和厂领导班子等部门岗位任职，直至1998年调宁波市冶金工业局工作。

## 同事情谊

在宁波渔业钢丝绳厂整整20年的经历，是对我的学习、工作和生活十分重要的阶段。我在那里不但成了家，而且积累了一定的工作经验，但是最宝贵的是我在那里结识了许多好同事。曾经一些难忘的人和事，每每回味起来总是觉得既亲切又感动。

由于我在厂里工作的时间比较长，工作过的部门比较多，合作过的同事也为数不少，他们总是给予我热情的帮助和全力的配合与支持。

其中，孔允康是对我影响较大和帮助较多的一位。除了他的脾气比我好以外，我们之间有好多的共同点和工作方面的交集。我们同一批进厂，进厂时我对他的印象就是，一是可以当领导的料，二是可以交朋友的人。尽管他只比我大一岁，但在我的眼里他既是领导，又是大哥。在我们很长时间的合作中，他的稳重，他的敬业精神，他在工作方面体现的能力和务实态度，是很令人折服的。而且，在钢丝绳厂办公室主任、厂长助理、副厂长以及后来的冶金局财务处长的职位上，步步都是我接他的班。这其中有领导的信任，但很大程度上与他多年来给我的支持与帮助是密不可分的。同时，在职场上，一个单位部门的前后任之间的关系有很多不一定融洽，但像我们之间既是多年的同事又是密友的也不多见，而且这种投缘也是十分难得的。

当然我在钢丝绳厂工作期间，也得到了其他很多同事的支持和帮助。无论是钢绳车间的众多领导、工友，筹建江北分厂期间的胡冀远，还是在人事科期间的胥莉莉、华国平、陈建平，厂办期间的乐大姐等，以及厂里各车间部门的许多领导和同事，都在工作上给我了很大的帮助，使我在工作上得以不断进步和成长。

钢丝绳厂的20年，不但在工作方面有我很多值得回忆的点点滴滴，更使我珍惜的是同事之间至今还在持续的胜似兄弟姐妹的情谊。

记得1982年底我结婚后与桂建兵、陈海华夫妇合住一套实用面积只有不到25平方米的家属宿舍。10平方米左右的房间各一间，其中只有一家有阳台，两家合用一间2平方米左右的灶间和1平方米的卫生间。当时大家都比较识相，再说两家女主人脾气都比较好，桂建兵也是个比较大度大气的男人，两户人家在一起做饭、洗衣过日子，互相关照，相处甚好，从来没有发生过什么不愉快的事。比比现在，住的房子面积大了条件更好了，但楼道里上上下下、左左右右的邻居之间再也找不到当年远亲不如近邻的感觉了。

说到这里，最让我感恩的是大家对我儿子洋洋的关爱。厂里的同事都知道，我与妻子结婚多年未育。1990年妻子好不容易怀上洋洋，但在怀孕4个月时，突然开始腹痛得厉害。到医院一查，发现肚子里的肌瘤比胎儿的脑袋还要大，而且已经发炎，情况非常紧急。当时医生也说要保住胎儿的可能性不大。为此医务室的冯明珠、荣仕湘等几位医生的关心自不用说，更有许多厂里的姊妹的热忱相助，每天都有人去医院探望、安慰和陪护。当时我印象最深的是钢绳车间陆菊芬大姐与洋洋的大姨妈一起，冒雨到东钱湖庙里去求菩萨，回来时浑身上下都被雨水淋得湿透。或许是大家的关心感动了菩萨，我们的儿子奇迹般的得以安全健康降生。记得我妻子生产那天，是驾驶员李跃敏冒着厚厚的积雪送的医院，冯明珠医生和吴慧珍等几个要好同事赶到医院一直陪到我妻子做完手术出来。每每想起这些感动的情景，实在令我感怀不已。

记得洋洋在绿梅幼儿园时放学比我们厂里下班要早，是那时在孔浦江北分厂的崔素贞等几位阿姨几乎每天去接出来照看等到我们下班，把洋洋当成自家儿子来照顾。今年初，洋洋结婚，厂里有百十来号同事及家属前来道贺参加婚礼吃喜酒，和我们一起分享儿子娶媳妇的喜悦。

这么多年了，有许多厂里的老同事成为了我们的至交。像乐大姐一家，孔允康一家，徐建长一家，刘建芬一家，岑奕峰一家等，我们之间的情谊亲如兄弟姊妹。平时我的为人处事比较随意，碰到我妻子外出旅游等不在家一个人没饭吃时，一个电话打给建长、亚芳，他们总会烧好一桌合我胃口的饭菜，同时叫上几个厂里的同事等着我，吃好后搓上几圈麻将叫我"付饭钱""发奖金"。

老同事们逢年过节比较要好的几户人家会聚在一起吃个饭，平日里女同事们会相互打打电话，聊聊家长里短的高兴事及烦心事。有时也经常约在一起出去旅旅游、散散心。平日里也经常会相互串串门，就在前两天贝志君还来我家送来了她自己包的粽子。

我们当年第一、二批进厂的同事现在大部分都已退休，绝大部分也都当上了爷爷奶奶、外公外婆。好多的子女都上过大学，比较有出息。乐大姐的儿子涛涛是医生，我碰到头疼发热喉咙痛去他上班的医院时，他总是忙前顾后地帮我挂号、找医生就诊、配药，极为客气照顾，他医院的同事还以为我是他的亲舅舅。就是儿子微信里的朋友圈也好多像玲玲、贝贝、康康、立立等都是厂里同事的子女。

可见，40年来的同事之谊，已经深深地融入我们工作和生活的方方面面，成为我们生活中不可或缺的一部分，甚至已经延续到了我们的子女后辈。

让我们大家珍惜这份深厚的同事情谊吧。我有时在想，再过二三十年，我们这些当年的老同事，能不能一起弄个养老院项目，大家在一起健康、快乐地慢慢变老，在一起欣赏绚丽的夕阳，去追寻当年共同的回忆，共同的青春。

2018年10月

# 老照片里的故事

前几天，部分宁波渔业钢丝绳厂老同事聚会，李月萍带来了一张老照片，那是1977年底与我同批进厂，次年初又一起赴无锡钢丝绳厂培训的员工在无锡厂门口拍的一张集体照，距今已有整整40年，照片已有些发黄，对我们来说也可以算是件历史文物了。

看着这张已经有年代的老照片，有几个人怎么看也认不出来是谁了。后来还是几人凑在一起，一边回忆着当年一起去无锡培训的人员名字，一边对着照片上的人头，一个个对号入座才认出是谁来，就连找我自己也花了一番工夫。

晚上回家，把这张照片拿给家人看，说能否找出40年前的我来。家人们端详了一会，还是儿媳妇眼尖找出了照片中的我，或许是学设计出身的专业敏感度的缘故吧，还说照片里那么多人穿的都是清一色的白衬衫，而唯独我一个人穿的衣服颜色和式样是另类的。儿媳妇的话，勾起了我对这件衬衫的一段往事的回忆。

记得我到无锡后，过了两个来月就入夏了。当时刚从农村下乡抽调上来，身上也没有几件像样的衣服。再说那时物资匮乏，人们的穿着都比较简单，特别是在工矿企业工作的人，不管上下班平时穿的基本都是以工作服为主。衣服色调也都是黑白灰蓝之类，式样比较单一。尤其夏天，男男女女穿的都是清一色的白衬衫、蓝裤子，就是女同志也是很少有穿裙子的。可能是我对穿着的个性化比较强所使，再说在下乡时代课一年，稍许积攒了一点零花钱，当时竟异想天开地跑到布店里买了一块略带细直条纹的米黄色布，想做一件短袖小翻领还

有两个加盖口袋的衬衫，当时这种衣服有个名号叫"香港衫"。

　　那时的布店、裁缝店都是国营、集体单位，布料及做工的价格也是国家定价相差无几。买好布料，随便找了一家裁缝店，把我的要求说了后，只见营业员面露难色地告诉我，能不能做叫我明天来听回话。第二天，我去店里，还是之前的那位营业员告诉我，他们领导说了，我要做的这种式样衣服是资产阶级和流氓阿飞穿的奇装异服，他们不能给我做。如我非要在他们这里做的话，也只能做一个口袋而且不能有袋盖的。最后，我只能听从了他们的意见，这件衣服就做成了照片里的样子。

　　这近乎离奇的故事，如说给现今的年轻人听的话，肯定会被认为是天方夜谭。而这种不可理喻、令人啼笑皆非的荒唐事却在我们当年的生活里真真实实地发生过。

写于2018年6月5日

# 大姐们的牢骚话

又到吃杨梅的时节了，前两天，我的几位原宁波渔业钢丝绳厂的老姊妹应朱丽娜的邀请，相约到余姚杨梅山去摘杨梅。同去的有二姐吴慧珍、三姐刘建芬和宋建英、王建英及陈慧敏，另外叫我给她们当车夫。

到了山上，这些姊妹家碰到了一起，就总有说不完的闲话，叽叽喳喳个不停，真可谓三个"老女"顶一群鸭，我的耳根压根儿就一直没有清净过。老实说我对她们那些家长里短的话也懒得听，但无意中听到她们几个说起当年在杭州培训时的几句牢骚话，倒引起了我的兴趣。

话说当年在杭钢培训时，那时候的纪律真叫严明，带队干部对大家管得比较紧。平时一般不得随意离开厂子，有事外出必须向领导请假批准。有一次，宋建英撺掇吴慧珍、刘建芬、陈慧敏几个下白班后一起溜出厂外去看了一场电影。回到厂里后，被当时无论是在厂里官方、还是在非官方的我们这些差不多时间进厂的知青员工中已经大大小小算是个领导的孔允康发现后，把她们叫去足足教训了半个小时。

别看当时宋建英她们几个站在老孔面前老老实实、唯唯诺诺、诚诚恳恳地虚心接受批评，可是老孔在过足了当小领导的瘾头后也没有去想想，这几个除了陈慧敏这个小阿妹以外的都是什么人。别说当年个个长得要模样有模样，损起人来哪个不是伶牙俐齿的。就像宋建英，当时虽然才二十三四岁，但人家早在进厂之前就已经到内蒙古兵团支过边后"逃"回余姚插队，可以说已经是闯过三关六码头的"老油条"了。再说，吴慧珍、刘建芬这几个二姐、三姐的，在插队时也

127
第三辑

算是在当地知青中有头有脸的人物了，哪个是省油的灯和好惹的主儿。当挨完老孔的批评回到宿舍后，就嘻嘻哈哈地根本不当一回事儿，还在背地里着实狠狠地把老孔奚落调侃了一番。

看着她们在回忆这段往事时，真像有当年喜儿控诉黄世仁般深仇大恨似的劲，我当时就忍不住呛了一句，要不哪天开个专题批斗会，把老孔拉到台上再去批斗批斗？然而，大家又不约而同地流露出对老孔钦佩的模样，说了老孔一大堆的好话。因为在这些姐妹们的心目中，老孔这个当年的"那摩温"，更像是一个可敬的老大哥。而我却在纳闷，当年老孔是怎么发现她们溜出去的？难道是老孔当年既当小领导，又兼看门卫？还是当年老孔工作认真负责，既大胆又细致，莫非每天深入在中国几千年来和现今一般情况下男人都不能进去的被称作为"闺房"，就是在那个年代叫女职工宿舍的这个虎穴之地里去查铺所知？这个当年的秘密恐怕也只有老孔本人才能说明白了。

写于2018年6月8日

# 口头禅

我的老单位有位姓张的车间主任，是个地地道道的宁波人，所以说的是一口的宁波话。此人有个特点，就是在开始说话时，不管对方是男是女、或老或少，还是两人交谈，就是大家在一起开会讨论，且不论讲什么内容，每次开口的第一句话必是"阿哥"。所以"阿哥"是他的口头禅。这对与他初次接触的人来说，肯定有点不习惯，甚至会表现出一脸错愕。当初我与另一位姓顾的副主任作为他的副手，三人在车间里同坐一间办公室，刚开始我们俩对他的"阿哥"很不习惯，但时间长了也就慢慢适应了。

然而，我们的这位顾副主任开始或许是带着调侃和戏谑的心情，与主任老大交谈时，也鹦鹉学舌地"阿哥阿哥"地叫了起来。一段时间后，似乎也被彻底传染，时不时把"阿哥"当成口头禅。直到有一天，我发现这位顾副主任说起话来显得特别的吞吞吐吐，也明显不见了平时开口"阿哥"闭口"阿哥"的口头禅。私下一问，原来是前一天在家里吃晚饭的时候，他父亲要其去办一件难事，他正想作解释，但这位仁兄刚张嘴一句"阿哥"怎么怎么地，使他这位老知识分子出身的父亲的面部表情在足足僵了半分钟之后，气鼓鼓撂下一句"什么时候咱俩的辈分扯平了？"然后将尚未吃完的碗筷一扔就拂手而去了。

从此之后，在这位仁兄老顾的口中便很少再有听到过"阿哥"两字。

2007年8月

# 相约月湖畔 共叙同事情

## ——宁波渔业钢丝绳厂老同事聚会侧记

40年前，四五百个风华正茂的年轻人来到甬江之畔一个叫清水浦的地方，聚集在当时镇海四大工程之一渔业基地的宁波渔业钢丝绳厂，开始了在他们人生之中一段难以忘怀的岁月。相同的年龄和相同的经历，在那些一起工作和生活的日日夜夜里，使大家建立了深厚的同事情谊。

光阴似箭，日月如梭，40年犹如白驹过隙。宁波渔业钢丝绳厂建厂初期招工、调入的老同事们，后来先后有的调离，有的出来自己创业，有的在企业转制以后也陆陆续续离开了厂里，而今大部分都已退休。好多同事相互之间已有多年未曾见面，但是大家都很怀念当年在一起工作和生活的点点滴滴。

## 发起组织

前段时间，原拉丝、钢绳、机修等车间部门先后组织了各自的老同事聚会活动，大家都感到意犹未尽。好多人提议，希望请我们这些差不多时间进厂老同事中的老大孔允康、企业转制后现在厂里的总经理鲍伟平牵头，搞一次全厂范围的老同事聚会，使大家能够共叙老同事之间的深厚情谊。

近段时间来，许多其他部门的老同事也通过各种渠道表达了这个愿望。于是，经过老孔、鲍总和有关车间、部门的原领导及有关同事的精心组织安排，2018年12月2日中午大家相约月湖之畔，在宁波月湖石浦大酒店举行了一次宁波渔业钢丝绳厂老同事聚会活动。

## 参会情况

本次聚会通知函发出之后，大家的响应热情度都比较高。部分在建厂初期参与筹建的老同志和大部分1977年、1978年、1979年前几批招工进厂以及后来调入、招工进厂的老同事，共380余人参加了这次聚会。李广龄、陈祖根、张金发、石钟贤、梁伯生、戴立汉、赵志民等几位建厂初期的老领导、老同志，有的还不顾年迈体弱，前来参加本次聚会。

尤其是本次聚会还有幸邀请到了当时渔业基地的负责人周长征同志。老领导们的到来，使大家对他们多了一份尊敬和亲近感。前几天，孔允康和乐君君等同志还专门去看望和邀请了宁波渔业钢丝绳厂的第一任党委书记鞠广德同志，但由于他近来身体不适，所以未能前来参加这次聚会。但他表示，那么多年过去了，原钢丝绳厂的同事们还能记得他，他特意请他们两位转达他老人家向大家的感谢之意和问候。

12月2日上午8时许，大家陆陆续续地来到本次的聚会地点宁波月湖石浦大酒店。有些居住在市区的老同事更是与本次聚会的有关组织人员一起，早早地就赶来帮忙打理聚会的一些事务。有好多同志都是一早就从各县市区赶过来。

有的从上海等外地特意赶来，甚至有的与老同事的相见心切，就相约提前来到宁波，在酒店里住一个晚上，热聊了大半夜。

有的身体不好，腿脚不便，但都克服种种困难赶来参加本次聚会。

可见大家对这次老同事聚会是多么的重视、期盼和高兴。

特别值得一提的是，在本次聚会活动中，有相当一部分同志在二十世纪八十年代初、中期就调离了钢丝绳厂，在厂工作的年头并不长，也积极地参加了这次聚会。如拉丝车间的干戈平、赵明、陈伟型、鲍冲、毕树洲、桂键兵、陈海华、宋长华、李月萍、张国萍、翁伟康等，镀锌车间的王昌定，钢绳车间的梁建国、宋建英、徐陈平、张德明、王建英、陈敏敏、刘建芬、钱文华、邱文星等，机修车间的赵培键、郭郁、陈亦琴等，检验科的张苏萍、纪克勤、王爱华等，其他科室后勤部门的姚家国、藤承斌、朱国蕙、李勇前、刘霞、包亚芬等等。由于年代久远，以上名单是我与同时搞过劳动人事的老同事胥莉莉一起大概排出来的，可能还会漏了许多人。虽然他们在钢丝绳厂的工作时间，短的只有两三年，长的也就是八九年，而且，离开钢丝绳厂已经有整整三十多年了，他们的与会，一方面体现了他们对钢丝绳厂有着深深的怀念之情，但更说明了他们对曾经工作在一起的老同事们的深厚情谊。

## 重逢时的感叹

走进聚会大厅，PPT里播放着一张张原来厂里的老照片，那些再熟悉不过的厂房和车间，曾经多少个日日夜夜与之相伴的拉丝机、镀锌上下线和捻股机等机器设备，顿时把大家的思绪带回到了几十年前在清水浦的那段难忘岁月。

PPT里不断回放着许多老同事在进厂初期的一些合影留念照，虽然光阴荏苒，照片上一些人的容貌已是今非昔比，但老同事们相互之间的情谊则像陈年的美酒，越久味越浓。

这次参加聚会的好多老同事，有的早在二十世纪八九十年代就已先后调离了钢丝绳厂，还有一些在2002年厂里转制以后或跳槽或下岗也离开了厂里，好多人相互之间已有二三十年甚至更长时间未曾见过面了。像在外地的就不用说了，就是一些同住在宁波城里生活的，有的也已二三十年未碰面过。

看到多年不见的老同事，大家都感到格外的亲切和兴奋。相互之间纷纷询问、介绍各自的工作、生活情况，一些比较要好的同事相互诉说着分别后的思念之情。

李月萍给大家带来了一张老照片。那是我们1977年底招工，次年初同赴无锡钢丝绳厂培训的员工，在无锡厂门口拍的一张集体照，距今已有整整40年。看着这张老照片，大家的思绪纷纷回到了当年。

照片中几个多年不见的老同事见了面简直不敢相认了。看着当年的照片，再看看眼前的你我，与40年后今天的合影比比，大家不禁感叹岁月之无情。是啊，当年的姑娘小伙，一转眼都已年过六旬。

真是光阴似箭，想想进厂那时，大家都只有20岁出头。然而经过40年的风霜雪雨，而今我们当中绝大部分的老同事都已退休，成了老年大学里和广场舞中的一员了。像老同事中当初进厂时年龄较轻的华国平等一些为数不多的"60后"，两年之内也都要退休了。就看当年我们厂里四个与我同名中的年龄最小，被大家昵称为"小建平"的管子钳工周建平（其余两个是电工陈建平、镀锌工小陈建平），想想那时只有十六七岁，稚气未脱，而今走到我面前却变成了门牙已掉、头发稀疏的小老头一个。

我们前两批招工进厂的知青员工中年龄较大的几位老同事，现在也已经接近70岁了。有的年纪慢慢大了，七七八八的毛病开始来了，身体有时也不太好，满脸的老年斑让他们显得有些苍老。大部分老同事已两鬓发白，能像有的老同事那样，满头还长着从娘胎里带来的原装黑发的已是凤毛麟角了。就是我平时想提起笔来写一点东西，也再写不出像"啊……！"这类高亢激昂的词汇，而只能写写"唉……！"之类低沉的感叹词了。这些好像在提示着我们将要步入老年。

然而，令人欣慰的是，随着社会经济的发展，生活条件的改善，那些上了年纪的大部分老领导、老师傅的身体还是显得那么康健。老领导周长征的声音听起来还是那么洪亮；退休前一直担任厂总工程师的李广龄拍起照来的动作还那么的稳健；陈祖根、张金发、梁伯生等几位老车间主任的精神还是显得那么的矍铄；戴立汉、赵志民两位老技术领导的思维还是那么的缜密；还有石钟贤老科长，除了满头白发之外，交谈起来与40年前清晰的思路别无二致。

同时，看到陈永令、周莉莉等老大哥、老大姐们从进厂时到现在几乎没什么变过的样子，当年的一些帅小伙干戈平、陈荣伟、王杰刚几个看起来还是那么的帅气，张云海、张信宝、戴胜跃几位还能有那么好的酒量，王国芳、杨芳和许虹波的歌声还是那么的敞亮；当年拉丝车间被大家称为"太公"的桂建兵话语声依然中气十足、"太婆"李月萍的身影还是那样敏捷干练；年近70岁的荣仕湘大夫搓起麻将来出手还是那么快捷。

大部分老同事看起来还是显得那么年轻，大家的身板还是那么硬朗，更从大家露出的笑容里和不时爆发出的阵阵笑声中，可以感觉到大家都经历了辛劳但而今却快乐地生活着。我们这些"50后""60后"的同事们觉得自己还具有相当的活力，争取在地球上继续拥有几十年的话语权，增强了满满的信心。

## 留影纪念

会餐之前，一些老同事纷纷相约，三五成群来到酒店旁的月湖，徜徉在绿树成荫的月湖边。湖面碧水荡漾，拂面而来的微风使人感到那么的和煦。大家一边欣赏着月湖美丽的景色，一边互诉衷肠。虽然冬月将近，但很多老同事沉浸在久别重逢的喜悦之中，并不觉得有一丝的寒意，纷纷兴高采烈地拿起手机拍照留念，留下难得的相聚画面。

酒店内外，一些原来同个车间、部门或平时比较要好的同事，两三个、三五个、十几个甚至是几十个凑在一起合影，留下了大家灿烂的笑容和快乐的身影。

## 召集人发言

中午时分，在原来厂里搞工会工作的陈慧慧的一番富有诗情画意的开场白后，大家倾听了原渔业基地的老领导周长征同志发言。他表示，40年过去了，钢丝绳厂的老同事们还都能记得他，并邀请他参加这次聚会，感到十分高兴，并简单地与大家回顾、分享了当年钢丝绳厂建厂初期的有关情况。

1978年第二批招工进厂、企业转制后现在担任厂里总经理的鲍伟平就老厂目前的经营发展情况做了简单介绍，并向老同事们当年为老厂所作的工作表示感谢，并希望老同事们在今后能继续关心和支持老厂的经营发展。

1977年第一批招工进厂，曾担任钢丝绳厂副厂长，本次聚会的主要发起人和组织者孔允康做了主旨发言。他首先对支持本次活动并前来参加聚会的老领导和老同事们表示了感谢和欢迎，表达了举行本次老同事聚会的宗旨，并希望大家能够借此机会叙叙旧，回忆回忆我们共同的青春岁月，同时把这次聚会作为一个契机，继续保持和加深大家的这份同事情谊。

## 餐桌

在AA制的午餐中，大家一边享受着宁波风味的美味佳肴，一边交谈，忆往事、说现在，论家常、道工作，家长里短总有聊不完的话题。说一千，道一万，大家谈得最多的还是回忆以往在厂里那些值得回味的事情，畅叙多年来的同事之情。

听着拉丝车间的李安君瞎编着当年她这位貌美如花的大美女，竟然会"看相"（看上）窝在热处理炉子旁用麻绳扎着破棉袄的徐建长的胡话，大家的眼前会浮现出当年热处理工段一帮后生在艰苦的工作环境中讨生活的情景。

钢绳车间的宋建英等几个当年的小姐妹，今天碰到老孔，不禁说起了当年在杭州培训时的一段趣事。刚进厂她们在杭钢培训，那时候纪律严明，带队干部对大家管得比较紧。平时一般不得离开厂子，有事外出须向领导请假批准才行。有一次，宋建英撺掇了吴慧珍、刘建芬、陈慧敏等几个小姐妹，下了白班后一起溜出厂里去看了一场电影。回到厂里后，被当时无论是厂里官方、还是在非官方的我们差不多时间进厂的这些知青中心目中，大大小小算是个领导的孔允康发现后，把她们叫去足足教训了半个小时。于是，席间有人说，是不是借今天这个机会开个专题批斗会，把老孔拉到台上批斗批斗？引得大家一阵哈哈大笑。

大家谈的仿佛就在眼前、记忆犹新的件件往事，有高兴，也有悲哀，有趣味，也有苦涩，但又都是值得大家回忆和珍视的。

前段时间，我在受邀参加拉丝车间的老同事聚会时，还专门从本人回忆录中摘录了一篇叙述我早期在宁波渔业钢丝绳厂工作的一些经历和感想的文章，给大家做了分享。大家都觉得很有同感，产生了比较强烈的共鸣。

## 努力工作　快乐生活

回忆过当年，大家的话题自然聊到了现在的生活日子。

由于我们这代人所处在中国社会的一个特定历史年代，我们的老同事大多数上有双方老人需要照顾，下有独生子女及其小孩帮着带看，目前都过着含饴弄孙、颐养天年的快活日子。他们之中年龄较大的孙辈大都已上了幼儿园，有的已经在读小学。

大多数同事的子女们都上过大学，且较有出息，有许多老同事的儿女们在北京、上海、杭州等大城市甚至在国外赚大钞票。

现在，我们这些建厂初期进厂的老同事，绝大部分已经退休了，留在厂里的大部分同志成了厂里的各级领导和骨干，大部分调出等离开的同志在后来的职业生涯中也发展得较为顺当。再说老同事们又都是勤劳实惠之人，大家的子女也较有出息，大部分现在除了照看孙辈这些既辛苦"犯贱"但又十分愉悦的事情之外，都过着衣食无忧的生活。

除了含饴弄孙之外，很多同事的退休生活也过得丰富多彩。在老年大学组织的各项活动中，练书法、画图画、写写文章。

当年活跃在厂里的篮球场上，无论是运球，还是过人的技术都是一流的，但到篮下最后临门一脚时总投不进篮的王国芳，还是像年轻时那样活跃干练。包括这次活动的组织安排，都有他们几个前前后后负责忙绿的身影。现在想想也真是可惜，像王国芳这样的人才当年到厂办给孔领导当个副手应该也是绰绰有余的。

有的同事活跃在各自居住生活的社区里，充当着各种非正式组织的大大小小领导角色，每天组织参与跳跳广场舞、唱唱老歌，散散步锻炼锻炼，还时不时地成群结队到外面去旅游旅游。倒也快乐地忙乎得一天到晚。

有几次与几个老同事在卡拉OK聚会，当年厂里的金嗓子王建英和宋建英的歌喉还是那么的圆润，歌声还是那么的甜美，听起来是越来越有味道了。

前段时间看到厂老同事群里传来的拉丝车间三姐史援朝优美的舞姿，跳得简直可以与专业演员相媲美。

所有这些，都可以说明我们大家健康并快乐地生活着。

此时此刻，大家的心里都有一丝感慨。尽管在我们的社会中存在着很多的不满意，我们的人生中也有诸多的不如意，但是我们当中的绝大多数人都拿着劳保工资，过着衣食无忧的生活。大家的子女们也都安排得稳稳当当的，平时还有小麻将好搓，大家觉得应该知足常乐，珍惜现在这种虽不完全尽如人意但对我们这些人来说也是来之不易的生活。尽量少些烦恼，多些快乐吧。

目前还有一部分老同事在为社会和家庭发挥着余热。有的还在单位上班打工，赚点辛苦钱；有的则自己做做小生意；有的还继续在自己开的大大小小公司当着老板。

钢丝绳厂从建厂到企业转制，从1987年开始陆陆续续通过国家分配、招聘等渠道引进了四十余位应届大中专毕业生，为厂里提供了新鲜血液，他们都为钢丝绳厂的经营发展发挥过重要作用。今天他们当中有三十来位前来参加了这次聚会活动。

可以说，这个特殊的群体是我们钢丝绳厂老同事中值得骄傲的豪华阵容。他们不但是当时钢丝绳厂的精英，而且在离开钢丝绳厂后同样也是社会的精英。像罗战强是1987年首批国家分配来厂的大学生，在厂里担任过技术科长、副总工程师，后组织调动他到宁波市冶金局任技改处长，现在一家企业担任高管。同一年进厂曾任技术科长的付才，现在是宁波市一家上市公司的财务总监。原在厂办搞计算机信息的徐忠华如今担任了宁波高新园区科技局的副局长。担任过厂办主任的俞安能目前在市就业局担任两个部门的负责人。而钱伦和顾勤勇目前留在钢丝绳厂改制后的公司分别担任副总和总工。他们当中，目前还有的在一些公司里担任中高级管理人员；有的做律师；有的自己创业开公司、办厂。大家各自的职业生涯发展得风生水起。他们在职场上的成功表现，说明当年的钢丝绳厂也为社会培养、输送了一批高素质的优秀人才。

虽然，这些大中专学生员工在厂里工作时间长短不一，但钢丝绳厂是他们从学校毕业后走上社会的第一个工作单位，他们把最美好的青春年华奉献给了钢丝绳厂，他们对厂里也有着与其他老同事一样的深情厚谊，他们都以自己曾是钢丝绳厂的一员而自豪。因为这份同事情谊，他们相互之间保持着紧密的联系，有时经常会叫上我这个已经是老头子级别，但在他们眼中也是兄长的人在一起聚会碰面，叙叙旧、抒抒情。

## 同事情谊

虽然，这些老同事中，有的同事相处只有几年，有的十几年、二十几年、三十几年，有的则整整四十年都工作在一起，但是他们大部分保持着良好的关系，好多同事彼此之间成了至交，大家都十分珍惜同事之间的这份情谊。

大家平时经常打打电话，走动走动，三不五时在一起吃个饭。空了还一起结伴出去旅旅游。哪家娶儿媳妇，嫁女儿，总会叫上好多要好的老同事前来喝杯喜酒。哪家老人故世后，大家也会前去慰问送别。

许多老同事相互之间还建了微信群，每天聊上几句，谈谈家常。

钢绳车间的二姐吴慧珍、三姐刘建芬等经常约上原同车间里的一些要好的小姐妹出去走走。近的在宁波附近，远点的到贵州甚至出国去马尼拉旅游一番。杨梅时节到了，朱丽娜总是会叫大家到余姚杨梅山去摘杨梅。

当年一起在无锡培训号称"三剑客"的陈建平、冯毅和我至今仍然像兄弟一样。

今年7月初，当年同赴无锡钢丝绳厂培训的部分老同事组织了一次"重游无锡景　共叙同事情"活动。部分老同事的爱人和一些厂里的老同事闻讯后主动报名或在要好同事的邀请下也参加了这次活动。大家重聚在一起回望他们共同的青春岁月，在太湖边、惠山下探寻他们当年曾经留下的足迹，共叙老同事之间的深厚情谊。

一行40多人还到了原无锡市钢丝绳厂现在的江苏赛福天钢索股份有限公司。公司的有关领导非常热情地接待我们，并详细介绍了他们公司的发展变迁和现况。大家还提议当年同来无锡钢丝绳厂培训的21位同事按四十年前所拍照片的位置专门拍了对我们人生来说意义非凡的留影。

当年的钢丝绳厂，还成全了许多双职工结成的夫妻家庭。目前他们的家庭生活都过得和睦幸福。像陈慧慧和任军生夫妇、刘萍和段宏镇夫妇，他们既是夫妻，又是同学同事，无论是在工作上还是在生活中四十多年来一直像兄弟姊妹般相互关爱。

同事们的这种情谊还延续到了他们的后辈。许多同事的子女也成为要好的朋友，相互之间在群里聊得比他们的大人还要起劲。

## 感谢与期望

一段时间以来，大家建起了钢丝绳厂老同事微信群。聚会中，大家开始互相传发各自所拍的照片。手脚快的开始编辑起手机影集。自始至终，大家的喜悦之情溢于言表。

孔允康、鲍伟平作为本次聚会活动的主要组织者和发起人，还有各部门的召集人乐君君、胡冀远、董放鸣、张信宝、李月萍、陈亚

芬、张江华、蒋荣明、严亚菲、乐惠芳、刘跃、刘萍、岑奕峰、陈慧慧、王国芳、陈慈民、毛裕宁等老同事为本次聚会活动的顺利举行做了大量的工作。尤其是孔允康夫妇近期一直在杭州带孙子，为了组织好这次活动，多次回甬进行周密安排。鲍伟平总经理在前几天还特意邀请了有关参与组织的老同事到厂里为搞好本次聚会进行筹划。老同事们纷纷表示，能组织这样一次的老同事聚会，大家都感到非常高兴，并向所有参与组织的同事为这次聚会活动所做的付出表示了诚挚的感谢。

本次聚会有好多老同事通过各种渠道仍无法联系，希望大家能够提供有关信息，期望在下一次的聚会时能看到他们的身影。

不知不觉地到了将近下午3点，在酒店工作人员的一再催促下，大家才依依不舍地相互告别，期盼下次聚会再相见。在互道珍重中，这次相约月湖畔，共叙同事情的老同事聚会结束了。

写于2018年12月2日晚

第四辑

# 机关经历

# 机关经历

## 进机关之前的小插曲

我到机关工作，还有一段十分有意思的小插曲。事情还得从一则招聘启事说起。那年，有家外地银行要在宁波设立分行，分行的主要领导当然由这家银行的总行调派，但一些中层干部和其他员工则在宁波当地通过调配或招聘解决。而宁波市人民银行作为金融机构管理部门，一般都会负责这项工作的指导并参与操作筹备期间需要帮助解决的一些相对重要的具体工作。

要搭建配备各部门人员，定下办公室、人事部门的负责人是最重要的事。为此，筹建部门先拟了一份招聘启事登在了"宁波晚报"上。主要内容是年龄在40周岁左右，大专以上文化程度，担任过相对规模企业或部门的办公室主任职务，如有从事过人事保卫部门工作的更佳。当时，我的一个亲戚刚好在市人民银行有关部门参与了这项工作，看到这个岗位这些条件的各项指标就自然而然地想到了我，于是就把这个消息告诉了我，问我有无这个意向。

我呢，当时尽管在宁波的一家市属的县团级企业担任行政副厂长，论级别已经是副处级，再说，当时我们企业的效益不错，收入也相对比其他企业的同等职位要稍高些。但不管怎么说，在二十世纪九十年代中期，工业企业与金融行业无论在收入待遇还是社会就业的意向度等各方面的差距都是显而易见的。而且，当时我所在的企业地处镇海清水浦，上下班路途比较远，所以，我想去银行试一试。而我的一个至亲当时又在宁波的一家银行当行长，我就和他谈了我的想法。事也凑巧，筹建这家银行工作的负责人，也就是开办以后的行长是我这个至亲原来的一个副手，这样看来这件事应该来说成功的可能性会高些。所以，我就准备到时候前去这家银行谈谈。

同时，我也想把我的这个想法去找我的一个老同事商量商量。说起这位老同事，我还得详细地介绍一番。他姓孔，上海人，曾作为知青回老家宁海插队，比我年长一岁，所以我一直叫他老孔。他与我都是在1977年底同时作为知青抽调到当时的一家部属企业，一进厂我们就同是厂团组织的五个领导成员之一。六七年之后，我们分别担任了各有一百多人车间的领导。之后，他担任厂办主任，我当人事保卫科长；他晋升厂长助理，我接替他担任厂办主任；他晋升为副厂长，我又接替他担任厂长助理；后来，我们厂下放到宁波作为市属企业，归宁波市经委口的宁波市冶金工业局管理。他被上调到市冶金局担任财务处长时，我又接任他当了副厂长。

从上述情况看来，我和他之间的关系跟别人比还真的很不一般。按官话来说，我的进步和每一次职务升迁，除了自己的努力之外，也是离不开组织、领导的培养和同事们的帮助的。但像我这样每次都是连续跟着他上几个台阶的确是少见的，这其中有他对我的认同和提携是不言而喻的。所以，他在我的心目中，既是同事和领导，又是朋友和大哥。而且我们两对夫妻在他调离前又都是一个单位的同事，两家的关系很为密切。现在我碰到这样的事情，我当然会去听听他的看法。

那天晚上到了他家，接过茶落座后，他说，我来得正好，有件事要找我商量。随后，他从茶几上拿起了一张宁波晚报，指着一则招聘启事让我看看。我一看，那不就是我前面说的那则招聘启事吗？我当时感到很奇怪，赶紧一问，说起来真是无巧不成书，原来，老孔在这两天看到了这则招聘启事后，他也萌生了想去应聘的想法。听了他的话以后，我又在纳闷，你放着好端端的政府机关的处长不当，干吗要去银行的一个分行当个中层干部呢？

老孔接着向我谈了他的一些想法。他说，原因主要有两个，第一当然是工资收入方面。虽然机关的福利待遇是可以的，但他那时候在局里当个处长的工资还没有他在厂里当副厂长的收入高。由于那时国企也实行了企业领导班子成员的工资收入与企业的经营效益考核挂钩，而我们厂当时的效益几年来都比较好，所以，老孔当时的收入甚至只有我这个副厂长的一半左右。而银行开的薪酬价位当时也不比我的工资收入低。还有第二方面的原因是，当时局里虽然在职干部只有二三十号人，但离退休人员却比在职的还要多。全部人员的工资一部分当然是靠由政府财政拨下来的"皇粮"，一部分则是要靠向局里所属的几十家企业收取一定比例的管理费来解决。

那个时候，政府的财政和企业的经营情况都不是太好，要及时催要、催讨这两方面的资金都是很不容易的事情。而老孔这个人，从我们接触的那么多年中我是了解的。他为人正直本分，对工作极端的负责，尤其在工作的合作和协调方面能力比较强，唯一给人的感觉是处事过于谨慎，胆魄稍微小了点。由于当时冶金局的局长缺位，就一位常务副局长主持工作，但当时他又兼着局里规模最大的有1000多号人的钢厂的第一把手，因而，对局里的工作有时也会难免无暇顾及。而其他的事情可以暂且不管，但解决局里每月每个人的吃饭钱是个硬道理。其他处室的有关领导对这个问题也可以相对不太直接地放在心上，但对老孔这个财务处长来说，这个棘手的问题是必须要面对解决的。

好在当时还没有八项规定这一说，为了应付局里这些人的费用，所以老孔只能今天求财税部门，明天拉着一帮厂长喝上几杯，这样下来，老孔几乎每个星期都要醉上几回。怪不得有一次，我看到他们家房间里挂着的日历本上画着一种特殊标记。那是每次老孔一回家醉倒在床上时，孔夫人就在那本挂历上的那一天用红色记号笔醒目地写上一个大大的"醉"字，以示警告。这也确确实实表示着老孔的那一份敬业的牺牲精神和无奈。

想到这里，我十分理解老孔此时的心情，再说不仅是出于理解和我们之间的收入差距等方面的情况，更是出于相互之间多年来的那份情谊，于是，就向他说了之前我与这则招聘启事的有关情况，并明确表示想办法尽力促成他的这次应聘事宜。

但是，我又想，他走了以后，会不会把他局里财务处长的这份苦差事交给我，让我又一次来步他的后尘。如果我去顶他，可能比他还要难受。首先我由于没有一点酒量，平时是滴酒不沾的，而因为一年到头的慢性咽喉炎，也是一支烟不抽的，这给以后的协调工作产生的影响是可想而知的。

最使我担忧的是我这个人的性格脾气，看到什么不顺眼的事情，不管是谁，也从来不顾忌，总是会站出来说道几句。最能说明这个问题的是我和老孔一起碰到的一件事。那时我还在厂里搞对外合作方面的工作，为了一个与江北区合作的项目，须到冶金局办理立项手续。当时经办此事的是靠在机关里年头混到后担任局技改处的一个副处长，大概也就是差不多不会超过初中文化水平的他，对一份上万字的立项报告，想必也是看不出什么名堂的。但就是我早就准备好的一个只有二三百字的批复，趴在写字台上，竟会翻来覆去地改了足足半个小时，改过的半张纸头上到处都是他用红笔涂改的痕迹。更为难以忍受的是，在我看来，无论是按高考的评分标准，还是搞这些项目的专业路数，如果不改的话，我可以毫不客气地说，至少也在七八十分以上，但经他一改，肯定六十分都不会有。

当时，我真想把它一把夺过来撕了算了，但想想还是控制住了自己，一声不响地拿起他递过来的文稿就离开了他的办公室。回到厂里，我把这份东西啪地一声扔在了当时担任厂办主任的老孔面前的写字台上，满腹牢骚气呼呼地把情况一说，想叫他给评评理。因为，这个批复的文字稿，就是老孔在我写的原稿上，经过斟字酌句写成的。想不到，老孔接下来的几句话，说得我哑口无言，心服口服。他说，我们的目的是要使这个项目能实施，而只要按他的意思办，能够批下来，为什么要去计较这个二三百字的东西呢？有时候，碰到这样的人，就权当我们是精神科的医生，把他当成病人，不管什么方法，只要他能不闹，还有什么比这个结果更好呢？

所以，单从这件事可以说明，老孔确实是个高人，而更使我知道自己压根儿就不是个呆机关的料。如果去了机关一天到晚与这样的人混在一起，也不知道会弄出什么幺蛾子来。于是我就把我的担忧告诉了他，希望他尽量能够防止这种后果的发生。老孔听了之后，也认为这种结果很有可能会发生，但他表示，首先，他是肯定不会主动推荐我的。其次就是如果领导征求起他的意见时，他也会竭力帮我推脱。

想不到，我来时的目的竟然会得到这样的结果，但想想为老孔做什么事情都是我心甘情愿的。就这件事情来说，我也没有过多地失去什么，所以，我的心里也就平衡了许多。

结果，老孔终于如愿以偿，到了这家银行，并担任了相应的职务。

后来，果然不出我的所料，在老孔走的时候，这位常务副局长一方面叫他推荐后续接替人选，一方面直接提到了我的名字。当然老孔就按照我们之间事先就此事达成的默契应付了事。但后来我了解到，这位常务副局长向宁波市经委的主任做了专题汇报。

说到这位市经委主任，对我的职业生涯甚至整个人生来说也是一位非常重要的贵人。说到他，在二十年前，他担任宁波团市委书记，我与老孔几个就是团市委直属的一个企业团委的领导成员，其实那时就开始相识，但也没有太多的交集。

我与他真正熟悉是在我上面提到过的，那时我还在厂里搞对外合作方面的工作时，有一个与宁波市江北区合作的项目。而当时他正是江北区的区长。由于这个合作项目的签约、开工活动都是我在具体操办，在那天的晚宴中，区长特意走到了我的面前，当着很多领导的面夸赞了我几句，说我的工作做得很到位。想不到，后来，我所在的那家企业下放到市里后，他也调到市经委成了我们的大领导。特别是在我担任副处级领导岗位后，每年需经市经委党工委组织人事处的干部考核，想必他在听取这些方面的工作汇报时，也时常对我会有所关注吧。

所以，当我们的那位常务副局长向这位经委主任做关于我工作的专题汇报时，他马上就说，这个小何的情况我知道。于是就安排局党委和经委的组织人事处开会讨论了我的任命事宜。

期间，那天我接到局政治处领导打来电话，说局领导有事找我，我就猜到十有八九是我的预料成真了。果不出其然，那位常务副局长向我传达了局党委和市经委关于我工作安排的意见，并考虑到方方面面的因素，我的工资待遇还是按照厂里的标准，在分配房子等方面局里还会做适当的安排和照顾，并让我担任局里的计划财务处长的同时兼任企业管理处长，说是要我多挑些担子。

我看到木已成舟，再说领导也很主动地并充分考虑到了我的待遇等方面的利益，于是只能是顺水推舟了。这样，我就去了机关工作。

## 在机关所开展的工作

由于以前一直在企业里工作，虽然也从事了较长时间的企业机关的管理工作，但到了真正的政府机关，无论是工作的性质，还是工作管理的幅度等方面都还是存在着很大的区别。

当时，我负责的计划财务处和企业管理处两个处室的主要工作其实都是既有相对宏观管理的一面，又有微观管理的一面；既有务虚性质的工作，也有实务操作的工作。

先说计划财务处的主要工作，大的有三个方面：第一是制定本局的年度财务计划并负责组织实施工作和审定局所属企业的年度财务计划；第二是负责处理本局的日常财务管理工作以及负责检查和监督全局所属企业的日常财务管理和审计；第三是解决和落实局机关的财政资金工作。前面两项还好，主要的是第三项解决资金问题。

企业管理处的主要工作大的也有三个方面：第一是制定本局的年

度工资计划并负责组织实施工作和审定局所属企业的年度劳动人事工资计划；第二是负责处理本局的日常工资管理工作以及负责检查和监督全局所属企业的日常企业管理工作；第三是配合市政府劳动部门做好劳动制度改革这方面的有关工作。

我在仔细了解和分析了这些面上的有关工作之后，又根据本人的能力结构和行事风格，心中明确了"突出重点、抓大放小"的工作思路。并请教了老孔的意见，在向局领导做了汇报后，重点做了以下几方面的工作：

首先，我当然是把解决和落实局机关的资金这个燃眉之急的问题放在所有工作的首位。为此，我根据当时解决资金主要有市财政部门和局所属企业两个渠道的实际情况，分别采取了"利用资源，勤跑多谈"工作方针。对于市财政部门，我在纪律允许的范围内，积极利用我在市政府各部门工作的老同事、老同学、老朋友等各方面的人脉资源，多跑动、多登门，与他们多联系，多念念局里的苦经，以取得财政部门领导们的谅解，能及时足额地下拨有关资金。

对于所属各企业，要解决上交的管理费，关键还是在于一些厂长。好在以前，我们都是平起平坐在一起的朋友，虽然我现在换了位置，但我经常会以换位思考的方式，与他们多谈多交流。同时，对他们企业或者他们个人需要解决的一些问题，我也会想办法主动予以帮助。再说他们看我平时也没有其他有些人会摆的架子，所以，也都很支持我的工作。

再有一个方面就是推行开源节流工作。尽管我以前对机关里人浮于事，人力财力方面的浪费现象有所耳闻，但到了机关以后，有些东西确实也很看不下去。就说当时的资金问题，一方面紧张得很，一方面又普遍存在浪费。最突出的是医疗费和差旅费等管理费用方面的支出，浪费现象尤为严重。而我这个人有个特点，就是不怕得罪人，再说我也抱着反正本来就不愿呆在机关的心理，为此，我在请示局领导与有关处室的领导及人员意见后，在控制费用方面，采取了两个比较直接有效的办法。

　　一个是加强了对医疗费的审核报销，除确有疾病需要治疗的费用给予及时报销外，其他一般的可看可不看医疗费用就暂时放一段时间后再作报销，特别是对有些假公济私不识相的人，我则会交待财务处同事特意拖着不给报销。

　　另一个是严格控制文山会海。其实，那时候有好多会都是根本没有必要的，尤其是那些打着开会的名义，到外地去游山玩水、吃吃喝喝的会议，费用支出的浪费更为严重。为此，对每次需外出开会的，由原来各处室自己处理改成事先与局办公室和财务处商量决定，这样也在很大程度上抑制了这方面的浪费。

　　对于以上工作，绝大多数局里的同事都能理解，就是有个别的人，尽管口服心不服，但毕竟是机关的人，不管怎么样，也总得顾忌自己的面子，也只能是随大流而行之了。

　　一段时间下来，由于市财政和局领导的支持和在局里同事们的配合下，还有包括我的老朋友老孔的帮助，以上的工作取得了明显的效果，局里的资金情况，虽然还是有些捉襟见肘，但比原来的局面有了较大的改善。

　　在企业管理方面，在顾及必要的面上工作之外，我当时提出了要突出重点，每年由各企业根据自己日常生产经营中存在的主要问题，集中精力抓好一到两个项目，进行整改，避免全面开花，一事无成的现象。尤其是结合我们冶金企业生产工作环境方面长期以来存在"脏、乱、差"的现象，重点抓了生产现场管理方面的工作，使各厂的生产现场的面貌得到了明显的改变。当时，在市经委组织开展的企业管理"三星级"评比活动中，我们市冶金局所属的好多家企业榜上有名。

　　同时，宁波市政府已经开始进行全民和集体企业员工包括改变固定工身份，实行全员合同制的劳动制度改革有关政策的调研制定工作。由于我从事企业劳动人事工作的时间较长，也积累了一些这方面的基层工作经验，而我们局又有几千名员工，所以，劳动局的有关领导也经常找我配合做好这方面的有关工作。这样，一方面为他们提供了有益的帮助，另一方面，也使我在以后在自己的单位里组织开展这项工作起到了有效的作用。

至于其他方面的日常工作，我的工作风格和方法向来是做一个"甩手掌柜"，尽量发挥处里其他同志的积极性，让大家放手大胆地去开展工作。如果有什么困难和需要我出面解决的问题，我则会主动地帮助解决。再说，这些同志的基本素质和业务能力都相当好，都能独当一面。所以，他们都能够很好地完成自己负责的各方面工作。而且，在那段时间里，他们都很支持我的工作，我们相互之间的配合都比较好。大家在一起，心情舒畅地开展工作。还有，下属企业相关的办公室、财务、劳动人事、企管等一些科室的同志们也很支持和配合我们的工作，所以，在大家的共同努力下，取得了较好的工作效果。至今我在内心里还是很感谢他们。

## 离开机关的原因及有关情况

后来，宁波市政府进行机构改革，把原来市经委系统的所有工业局改制为几个控股集团公司，把我们局与当时的机械工业局合并为机械冶金控股集团公司。由于两局合并，所以，市里对相当一部分的干部进行了分流安排。我原来所处的处室加起来有四个，光副处长以上的就有五六位，而且其他几位年龄都比较大，不太好在外面再有好的安排，所以，他们几个就留在了控股集团公司。

当时在考虑我的工作岗位安排时，局领导对我到局里工作也表示了肯定，专门跑去跟那位市经委主任进行了商量。那位本来就对我很关心的经委主任也听说我在局里的工作表现得不错，就安排了几个条件不错的岗位让我选择。后来，我到他当时兼任董事长的一家集团公司担任了副总裁、党委委员和纪委书记。

# 机关工作的收获

我在机关的工作也就只有近两年的时间，但这段不长的工作经历留给了我一些深刻的记忆，特别是对我以后的工作和职业生涯的发展带来了很大的帮助。

首先，之前我先后下乡插队当过知青、代课教师，又当过工人、国有企业的中高层干部，我的职业角色比较多，有了这段机关的工作，使我又多了一个职业角色，也在我的工作经历和职业生涯的发展中增添了更加丰富多彩的一个篇章。

其次，机关的工作经历进一步拓展了我的视野，也在一定程度上提高了我的理论水平。在对整个社会系统及其产生的一些问题的了解认知上，在相对宏观的全面性和思考问题的格局，以及高度和层次、深度等方面也开始有了一些变化和提高。

再是，机关的工作经历使我多了一个换位思考的角色定位，也在一定程度上改善了自己的工作方法。在以后的工作生活中，无论碰到什么问题时，往往会站在更多不同的角度去考虑解决问题的办法。

还有很重要的一点，就是通过这段机关工作，我结识了更多政府部门的有关领导和朋友，加强了彼此之间的联系，进一步拓展了社会人脉资源。这对于我后来职业生涯的发展和工作的开展的的确确起到了极为重要的作用。

在机关的工作时间虽然很短暂，但这段时间我得到了领导和同事们的大力支持与帮助，也让我在工作上收获颇多。

# 机关轶事

机关工作期间，像我这样的应该也算是个异类，主要是路见不平，总要出头管点闲事。有时候，有些同事知道我这个脾气，也会主动找我帮他们解解难题。其中，有几件事我印象较深。

记得那年的年末，局里各处室要写工作总结报告。其中，某个处室有个副处长，当时该处没有处长，所以由他主持处里的日常工作，处里领导中还有另外一位已临退休的处级调研员。由于这位副处长和我曾一起在同一个厂共事过七八年，还是当时我在厂人事部门工作时，厂里招来的第一批大学生当中比较优秀的一位，我对他还是比较了解的。由厂里担任副总工程师上调到局里工作的他，思维严谨，为人谨慎，协作精神较好。虽然理工科出身，但文笔尤好。他在写好总结报告后，本着出于尊重的意思，就请那位调研员看一下，如没有什么意见，就叫办公室打印好交局里。

那天，我刚好也去局办公室打印一份文件，看到打印员正在打印一个文稿，就在旁边等了一会。无意中看到的是我这位副处长同事写的那篇总结报告，不看还好，看了一两页以后就生起了一肚子的气。原来在他写的报告里，很多地方都被那位调研员用红笔涂改。更要命的问题是，同我之前提到过的一份立项报告一样，如果不改的话，本来就是一篇很不错的好文章，但经那位调研员一改，反而档次降低了不少。

因为我与那位调研员平时经常一起打乒乓球，彼此之间的关系也不错。为此，我当时就客客气气地找到了那位调研员，从他们处里的工作安排和这位副处长的写作水平以及多让年轻人放手工作等方面，委婉地谈了我的看法。而那位调研员当时改那篇总结，无非也是闲着没劲，想弄点什么事情做做而已，再说他本来就是个好脾气的人，也不会计较什么，听了我的话之后，就马上到办公室叫他们按原稿打印了。当然后来我们依然还是很好的球友与搭档。那天碰到那位负责打印的年轻女同事，还看到她悄悄地向我竖起了大拇指。

还有一件事，当时，为了加强安全保卫工作，局里安排同事每天晚上轮流到局里值班。有一天，一上班就发现了我们财务处办公室里的保险箱，已经被小偷光顾，撬得面目全非，头天晚上放在里面的两万来元钱当然也是不翼而飞了。马上去问当晚值班的同事，也不见了人影，当时大家的心里还真的有点发慌。赶紧打他电话，谢天谢地，还能听到他的声音，一问，在外面得马上赶回来。

还是先说说这位当晚值班的同事，从萧山农村出来大学毕业后就分配到局里，年龄不到三十就已经是副处级，这在当时的宁波市级机关里面也是不多见的，应该说前途无量。他为人老实本分，又是一个胆小怕事的人。如果平时工作不好，领导当然也不会这样培养他。

当他赶到现场一看，脸顿时就被吓得煞白。赶紧悄悄地把我拉到了他的办公室，关起门来就对我说，昨天晚上，也不知道是哪根筋搭错，竟然被几个朋友拉去打了几圈小麻将，后来就回家睡觉去了。我当时心里也明白，他们知道我这个人不会坑人整人，遇事肯帮忙，于是他才愿意对我说的实话。

当时，我把他狠狠地骂了一顿之后，就拿起电话跟在钢厂上班的常务副局长说，今天上午局里发生了两件重要的事情，一件是坏事，一件是好事。坏事就是昨晚财务处的保险箱被撬，偷去了两万来元钱，现在已报案，民警正在取证，争取早日破案，减少损失。好事是，幸好昨天值班的这位同事在家里忘了值班，否则，我们早上很可能会看到他在与歹徒英勇搏斗后倒在血泊之中的场景。因为，就在不久前，我们局对面的宁波市中山饭店，发生过一起歹徒半夜闯进酒店前台抢钱杀死人的恶性案件。所以，应该说来还算是不幸之中的大幸。还说，这位同事正急着赶到您那里去挨批呢。

领导听了我的话之后，也是哭笑不得，在连我也被他骂了几句后撂了电话。这位同事听完我的话，马上就跑到领导那里按照我们演的双簧去做了一番检讨。领导呢，因为已经有了我之前的铺垫，骂了他几句后就忙其他的事情去了。

后来，这位同事给领导写了一份态度诚恳、认识深刻的检查报告，我又主动提出作为事发处室的领导和这位闯祸的仁兄各罚款300元，我们财务处的几位同事也主动表示每人自罚200元。局里还发了一个重申实行晚间轮流值班纪律，加强安全保卫工作的文件。

第五辑

# 活动演讲

# 认识自我 适应社会 加强修炼
# 做一个高素质的社会人才

## ——在宁波大学的演讲

在21世纪人才竞争激烈的情况下，大学生作为一个知识时代的知识分子群体，是社会发展的主要动力和后备军，将会成为推动社会发展的主要力量。大学生整体素质的高低直接决定一个民族的发展情况，决定着一个民族或者一个国家伟大复兴的共同理想的实现与否。所以提高大学生的整体素质有着重大意义和必要性，是一个极其重要的话题也是一个极其艰巨的任务。大学生要提高自身素质，在正确认识自我、面对社会现实的同时去适应社会，使自己成为一个受社会欢迎和尊重，并为社会做出贡献的高素质人才。那么该如何提高大学生的整体素质呢？

谈到素质，首先，我想讲讲一段自己的亲身经历。有一次，我和我们单位的一批同事去欧洲参观考察，从荷兰到意大利走了十多个国家。期间，美丽的荷兰郁金香、雄伟壮丽的阿尔卑斯山、美丽的萨尔斯堡传说、庄严肃穆的巴黎圣母院、满城的慕尼黑酒香、古老雄伟的古罗马斗兽场、金碧辉煌的维也纳金色大厅、神圣的艺术殿堂罗浮宫、令人称奇的比萨斜塔、高入云端的埃菲尔铁塔、充满激情的凯旋门、风光旖旎的威尼斯水城……这些世界名胜并未能给我以鲜明、深刻的印象，因为这些以往通过电视、书报等渠道多多少少也已经了解了一些，然而使我记忆犹深的是在袖珍小国卢森堡亲身经历的一件事。卢森堡位于欧洲西北部，毗邻德国、法国、比利时，面积2500平方公里，人口40多万。尽管地域小、人口少，但该国却风光秀丽、景色优美，著名的欧洲大峡谷穿城而过，将这座城市分隔成新老两个城区，极具特色。除此之外，浓郁的人文气息是这里的又一特色。我们来到此地恰逢周末，不承想城里的市民按照他们的生活习惯大都已到乡下度假去了。那天下午，我们前往该国最高政府机构即元首大公办公的场所参观，奇怪的是这么重要的地方当时居然没有一个卫兵把守。商业街的店铺都已关门打烊，透过玻璃橱窗，一些商铺里纵使摆放着琳琅满目、价值昂贵的珠宝及各类贵重商品，但是却没有看见装有一扇我们国内常见的防盗门窗。晚上我们在城内中餐馆用完晚餐后，在赶往我们要入住的位于城郊的宾馆的路上，由于我们的大巴司机罗尼是一位意大利小伙，不怎么认识卢森堡的路，在市里转悠了好多时间，也没找对路。一路上也空荡荡的几乎看不到行人和车辆，好不容易迎面开来了一辆小车，我们的司机罗尼马上停车向他们招了招手，这辆车在已经开出三四十米远的地方又掉头开了回来。车主跟罗尼交流了一番，由于双方的语言交流并不顺畅，罗尼还是不怎么明了行车线路。于是小车司机便在前面引路，用了近二十分钟的时间把我们引送到了入住的宾馆。大家想一想，我们在偶尔出国的情况下，遇到了这件事情，老实说，是一个普通的欧洲公民给我们上了一堂生动的素质教育课。当时我就感叹，在这里我们所提倡的向雷锋同志学习、为人民服务的精神似乎早已深入人心。

说到底，一个民族的素质是具体体现在每一个公民个体身上的。我们当代的大学生，一定要注重提升自己的精神素质，因为这也代表了我们中华民族的素质，提升自己的素质也是作为一个中国公民应有的责任感。

# 一、认识自我

我讲的第一个方面，是我们大学生必须对自我有清醒的认识。

如果要问我们的大学生是不是都是人才？在座的同学都可能会说"是"。这应该说也不无道理。我们在座的各位都是经过了千辛万苦的昼夜攻读，经历了千变万化的题海大战，经受过千折百回的考场磨练，终于抓住了千载难逢的良机，在千军万马中杀出重围，才登上了令人向往的高校这个大雅之殿。但单单就从经历了这几个"千、万"中，是不是可以认为我们大学生就是人才了呢？

　　有个"故事"这样说：在计划经济时代，当时的大学生毕业后工作都是由国家统一分配。一个从上海一所大学的有机化学专业毕业的大学生，毕业后被分配到一个建在偏僻乡镇的化工厂做了一名技术员。看惯了大上海的繁华，乍一到满眼荒野三面山的穷乡僻壤，年轻人感觉自己身上的血像是放进了冰箱的冰冻层，怎么也热乎不起来。因此，自恃大材小用的他三天两头脱岗怠工。一年不到，一个堂堂的大学生竟然成了厂里各部门听到他的名字都怕的"烫手山芋"。其受欢迎程度，竟然不及一些高中毕业的技工。

　　那一天，笑称自己是"行尸走肉"的他向一位老工程师大倒苦水。在他为自己怀才不遇而感慨万千的时候，老工程师把一张科学家测算出的人的物质含量的列表递给他："算算看，你自己值多少钱？"反正闲着也是闲着，他抄下了列表上所列出的人体所含的化学和矿物质成分：5%氧、18%碳、10%氢、3%氮、1.5%钙、1%磷、0.35%钾、0.25%硫、0.15%铀、0.15%氯、0.05%镁、0.0004%铁、0.00004%碘。他把这些物质含量乘以自己的体重，再乘上所有元素当前的市场价值，甚至连人体含有微量的氟、硅、锰、锌、铜、铝和砷也换算在内，竟然发现自己"全身的东西"加起来还不到10元钱！而自己身上最值钱的皮肤，总面积约为16平方英尺。按牛皮的售价来计算，即使每平方英尺约2元，价值为30元左右。如此算来，他的身体竟然才值40元上下。

　　"我堂堂一个大学毕业生，才值40元？"他大惑不解地问老工程师。"你在大学里学到的东西就相当于你体内所含的化学物质和矿物质，如果不能与精神、意识和意志等糅合在一起，不在社会作用这个系统中发挥一个完整的'人'的作用，那么，它作为物质的拆零价值就是这么贱，谁也不能例外。"老工程师说。

这个看似简单的故事引发我们所有人的思考，到底什么样的人能够算是人才？为此，我们必须对人和人才有个准确、全面、深刻的认识。

### （一）对人的认识

首先，我们来谈谈对"人"的理解和认识。人是什么？按照《现代汉语辞典》的解释，人是能够制造工具并使用工具进行劳动的高级动物。而对于社会学家、经济学家来说又是另一番含义。马克思曾说过一句经典的话："人是一切社会关系的总和。"

汉字的人是由一撇一捺所构成的。那来支撑这一撇的是什么？是每个人要立足社会，必须要学习的一些必要的知识，掌握的一些必要的技能。比如大家小时候学的乘法口诀，三三得九……九九八十一，一直到大学，我们学习和了解必要的一些自然科学和社会学科方面的知识。

同时，我们也必须掌握一些生活和劳动的技能，比如骑自行车，学得快的只需要半小时，学得慢的恐怕也就几天、十几天，但是学会了以后，哪怕是一年半载甚至十年不骑，仍然能骑得很好，就是到老了也不会忘记。操作电脑也是如此。在我们走上了工作岗位之后，三百六十行，行行都有我们应该掌握的技能。这些知识和技能是支撑我们作为一个人立足社会的重要一个方面。

但是作为一个真正的高素质的人，还需要更重要的那个一捺的支撑。那就是一个人的品性、理念和思想。而我们的品性、理念和思想往往不是一朝一夕就可以形成的。人的品性是在我们出生到死亡这几十年中逐步养成的。一个人能够受到社会的尊重，不仅仅是因为他有多么大的学问，有多么多的财富，有多么高的职位，而是在于他的品性值得别人的尊重。

同样，人的理念也会随着人生的不同经历和际遇而不断更新。理念的不同，也会影响到人的一辈子。在我们传统的理念中，医院是干什么的？很多人都会说是看病的。但是我问大家，那些母亲在生孩子的时候有病吗？她们为什么要去医院？医院是给人们带来快乐的地方，是帮助女人完成做母亲这一美好愿望的神圣地方。摩托罗拉是干什么的？它不仅仅是生产手机和搞通讯的，它是帮助人们解决沟通问题的。学校是干什么的？学校不仅仅是教书的，它更是培养学生美好的心灵，健全学生健康的心智，使学生具备完美的人格、良好的思想情操的摇篮。

人的理念是在长期的工作、生活中逐步形成和完善的，同时它也是指导一个人行为规范的价值指向。

有一个男孩，在德国斯图加特留学，找了个金发碧眼的漂亮的德国姑娘做了女朋友，并且已经到了谈婚论嫁的程度。有一天晚上两人过完夜生活回家，经过一个十字路口，正遇上红灯。小伙子一看十字路口四周几十米内一辆车也没有，就径直走了过去。而女友呢，却站在原地一直等到绿灯时才走了过来靠近他。设想一下，德国是一个什么样的国家？它是一个特别讲究规则、规范的国家，尤其是德意志民族是一个以处世十分严谨严密而著称于世的民族。结果第二天这位德国姑娘就说，一个连基本的交通规则都不能遵守的人，怎么能成为我的终身伴侣？于是，就只好拜拜了。我们的好多留学生，在国外花天酒地、花前月下的时候，很少会惦记家乡，惦记爹娘。但是当他在落魄时，就会感叹：祖国啊——我的母亲。同时也应了西方的一句谚语：East and west，home is best，就是"金窝银窝不如我家草屋"。这个小伙子带着失恋的痛楚，带着失意的沮丧，回到了祖国，回到了家乡。一个海归，小伙子又长得一表人才，不久，又找了一个本地城市的小姑娘，也是到了谈婚论嫁时。有一天，两人在影都看完夜场电影后，徜徉在已近半夜车少人稀的街头。在一个空荡荡的十字路口，又恰巧遇上了红灯。不同的时间，不同的地点，同样的情景出现了。

小姑娘一看四周没车也没人，想也没想就走过了马路。小伙子却是一朝被蛇咬，十年怕井绳，因为有了前车之鉴，就一直等到绿灯亮了才从斑马线上走了过去。结果小姑娘回家一说，第二天，这个本来是未来式的丈母娘说：这么个傻不拉叽的小子，怎么能当我的女婿呢？死活也不让女儿嫁给那位小伙子。理念的差异，导致了一个人、一个民族素质的差异。

支撑人的那一撇一捺，既要有基本的知识和技能，更要有良好的理念、品性和思想。从某种意义上来讲，一个人的进步与成就，更取决于他的那一捺。一个人，如果没有了解什么知识，没有掌握什么样的技能，或许最多也只是个低效、低能，对社会没有什么贡献或贡献不大的人。而如果一个人没有良好的品性、理念和思想品德，则会给我们的社会带来负能量。

反之，哪怕一个人没有受过良好的教育，也没有掌握多大的技能，但是，如果具备良好的理念、品性和思想品德，就会给我们的社会带来正能量。举个例子，贵州省乌蒙六枝特区牛场乡尖岩村村民本着"再穷不能穷教育，再苦不能苦孩子"的理念，用自己辛勤的付出，供养孩子读书，改变命运。40年来，66户村民，共培养出了66名大学生。虽然，这些一辈子生活在大山里的普普通通的村民，他们自身根本没有受过什么良好的教育，也不可能有多大的技能和能耐，但就凭他们良好的理念、品德，不但改变了这些孩子和他们家庭的命运，同时，也为社会培养了人才。

### （二）对才的认识

我们对"人"有了一定的了解之后，对"才"又应该如何认识？

宁波城西北面的大隐镇有个玉佛寺，这个玉佛寺有个特点，寺院里所有的佛像都是由玉石雕琢而成。一天早晨，玉佛寺的观音大殿前传出了一群声音，那是36级石台阶发出的抱怨声。它们说，我们和大殿里的观世音菩萨都是从同一个山头乃至同一块岩石上面砌凿下来的，凭什么我们要在这里遭受风吹雨打，炎日暴晒，天寒地冻，还要遭受千人踩、万人踏的境遇。而大殿里的观世音菩萨，人们不但给他建造了高大宽敞的殿堂，一年到头，香火不断，灯火长明，而且还享受着千人跪、万人拜的优厚待遇。

它们的抱怨声随着微微的晨风传进了观音大殿。观世音菩萨听到后，叹了口气说，不错，我和大殿前的石阶是从同一个山头和同一块岩石中砌凿下来的，但是它们从山上下来成为门前的石阶只仅仅经过了前后、左右、上下6刀。而我呢？却是经过了千锤百凿、千刀万剐的磨练以后才成为现在的这个模样。从这个故事中，我们可以认识到，一块材料必须经过艰苦的磨炼，要把这个木字去掉，才能从一块普通的材料变成有用之才。如果不能去掉这个木字，那就是朽木不可雕矣。

我们每个人，包括我们的大专生、本科生、硕士生乃至博士生，如果在没有与社会有机地结合之前，还不能算得上是真正的人才，只是一块带木字旁的"材"，是一块还没有经过加工雕琢的毛坯材料。这块材料若要成才，就必须在社会中经受痛苦的磨练，经过长期的雕琢，这是一个很长的同时也是十分艰难的过程。

作为人才，要实现"才"向"财"的转化，就是要把所学的知识运用到我们的工作生活之中，创造出良好的经济效益和社会效益，这是人才的终极目标。我们所说的财包括物质财富和精神财富两个方面。作为人才，我们不但要为社会创造物质财富，更要为社会创造精神财富。

所以大家要冷静地思考一下，大学生是不是人才？我希望通过以上的分析，大家能够认识到，至少大学生在走向社会和在社会这个系统中发挥一个完整的"人"的作用之前，还不能算是真正意义上的人才。

## 二、面对现实　适应社会

大学生在认识自我的基础上，还要学会面对现实。大学生走向社会要面临工作、生计，专业、事业，爱情、婚姻等许多问题。那么，大学生走出校门进入社会后首先要解决的是什么问题呢？

### （一）面对现实

根据马斯洛的需求论，一个人最基本的需求是生计和安全。大学生毕业走向社会以后，首先要解决的是生计问题。有一次在外地举办的一场人才招聘会上，我看到有一家公司招聘一名办公室文员，月薪1500元，十几个大学生拿着自己的简历在那里排着长队等候面试。而旁边一家公司招聘一名后勤管理人员，月薪2500元，应聘者却寥寥无几。这个现象令人深思。从解决生计问题的角度出发，不妨先从后勤做起，后勤管理员同样能够锻炼和培养人的才干，创造出价值。可能有些同学家里条件比较好，但是在享受优厚物质条件的同时，也在某种程度上失去了人生旅途中应该经受的磨练和洗礼的机会，这其实对大学生的成长是不利的。我们有一部分大学生是靠贷款来完成学业的，有的靠勤工俭学，还有的靠父母举债，他们面临着更大的生存压力。所以，我们每个大学生必须在社会上学会自立自强，首先解决好自己的生计问题，生计问题得不到解决，其他的问题都无从谈起。因此，面对现实，我们大学生首先要找的是一份工作，而不应该太强调什么事业。工作是谋生的手段，是运用基本技能、回报社会的最切实有效的方式，先找一份工作是很现实，也是非常重要的。

那么，如何看待专业的问题呢？首先，据了解，我们在大学阶段，尽管所设的专业有所不同，但大家所学的有70%以上都是相同的科学知识。据研究数据显示，大学生走向社会，能找到与自己所学专业对口的岗位的不到20%。一些历史伟人中，毛泽东是学历史的，鲁迅是学医的。记得四川汶川地震时，时任的胡锦涛主席、温家宝总理一起亲临灾区，一位学的是水利工程，一位学的是地质构造，为处理堰塞湖，两位领导人当场就能拍板，但是像这种事情他们一生中能碰到几回。所以我们大学生找工作时，不要太局限于自己所学的专业。因为我们所学的课程，只是一些基本知识。要放开思路，跨专业的工作都可以尝试一下。当然我们也要追求事业，但是我们必须了解，辉煌的事业能有多少？像成龙先生，在自己的事业领域中很辉煌，但他从一个没有一句台词、跑龙套的无名小角色开始，经过了多少跌打，吃尽了多少苦，才成就了现在的事业。

现在考公务员仍然是很多大学生向往的一种选择，大学生考公务员图的是什么？毋庸置疑，公务员直接运用社会公共权力和资源提供社会公共服务，具有较好的职业声望和社会地位，是年轻人实现理想和抱负的有利平台。最主要的一点就是公务员职业比较稳定，职业风险相对较小。贪图安逸保险，是当代大学生选择毕业报考公务员的普遍心态。但是，我要说的是，如果想当公务员只为图安逸稳定，这就大错特错了。公务员是干什么的？公务员是社会的精英，他们的肩上担负着改造社会、完善社会的重任。而我们有的大学生考公务员却是为了贪图安逸。悲哀啊！如果我们大学生抱着这种心态进入公务员队伍，那对我们国家来说就是灾难。

发财梦人人都会做。况且，当代的年轻人正赶上国运昌盛的好年代，拥有奔驰、宝马和带有200平方米以上游泳池的别墅对现在的年轻人来说，已经不是什么遥不可及的梦想。但是君子好财，取之有道，要守住法律底线，犯法的事情千万不能干。其实人到死了，钱还没花完，也是一件遗憾的事情。钱那么多干什么？有多少贪官污吏，有了用不完的钱，余生却要在监狱中度过。台塑创始人王永庆奋斗一生，积累了不知多少资产，但死后5房姨太太及其20余个儿女为争遗产，官司打得昏天黑地，真是令人悲哀。要知道，没有钱是万万不能的，但有钱也不是万能的。

爱情和婚姻是人类亘古不变的话题。私定终身后花园、落难公子中状元，梁山伯与祝英台，罗密欧与朱丽叶这些都是故事传说。现实中的爱情和婚姻，不可能像故事里的那样荡气回肠、百转千回。漂亮女孩子找一个肩膀宽厚、忠厚老实的小伙子，帅小伙子找一个贤惠温柔的女孩子，只有与你心投意合，才是最适合你的。

## （二）适应社会

我们大学生在走出校门之前，在还没有接触社会的时候，往往有两种想法。一种认为我们这个社会到处莺歌燕舞，阳光明媚，百花盛开，外面的世界很精彩；另一种想法则完全相反，认为社会充满着污秽，黑暗，腐败，从而对外面的世界感到很无奈、很失望。

其实一个社会，是一个很复杂的多面体。一些大学生刚踏入社会，就看到腐败的一面，碰到一个心理不是很健康的上司，遇到一些有这样那样问题的同事，对社会的认识就降到了冰点。

那么怎么去认识我们面临的这个社会？让我们拿一张白纸打比方。在一张白纸上，同时有几个细小的黑点和几个微小的洞孔，我们每个人所看到的结果和得出的结论可能会不尽相同。有的会说看到的是一张干净的白纸，有的会说看到的却是几个黑点或洞孔。一个社会其实就如同这张白纸。中华人民共和国成立60多年，特别是经过了30多年的改革开放，社会发展的基本面是进步的、健康的、阳光的，是充满着真善美的。但我们这个社会在某些方面仍存在着假、恶、丑。所以认识社会就像观察那张白纸一样，总体上它是一张干净的白纸，但是也有黑点和洞孔。我们的大学生走向社会时，千万不能天真地把这个社会看得很完美。也不能因为看到了某些不正常、不健康的现象，就对整个社会失去了信心。这不是一个全面的、辩证的认识。认识这个社会其实也是很简单的，关键就在于大家要能把握好正确的心态。所以我们对社会要有深入的了解和全面、正确的认识。

同样，对一个人好坏的评价也不能用单一的标准。让我们看一个案例，有三个性格迥然不同的人：第一位个性孤僻，有两个情妇，有多年的吸烟史，而且嗜好马提尼酒；第二位中学时曾多次被赶出教室，每天要到中午才肯起床，读大学时曾吸食鸦片，每晚都要喝一瓶多的白兰地；第三位曾是国家的战斗英雄，保持着素食的习惯，从不吸烟，只偶尔来点啤酒，年轻时没有做过什么违法的事。如果这三位参加总统竞选，可能大家都会把选票投给第三位。其实这三位都是二十世纪中叶对我们人类社会有着巨大影响的历史人物，他们的真实身份也许会让人瞠目结舌。第一位是英国前首相丘吉尔，第二位是美国前总统罗斯福，第三位恰恰是臭名昭著的德国法西斯头目希特勒。丘吉尔和罗斯福之所以能成为杰出的领袖，绝不是因为上述缺点，而是靠了他们的智慧和才干。人性深奥玄妙，知人知面难知心，每个人都瑕瑜互见，领袖人物也概莫能外。

从这个案例来看，人性确实是很复杂的，无论是领袖人物，还是平民百姓。对社会，乃至社会上的每个人，我们大学生都要学会用全面辩证的思维去看待。现在社会上好人与坏人并不容易区分，就像关在监狱里的也不一定都是坏人，位高权重的不一定都是好人。

"横看成岭侧成峰，远近高低各不同，不识庐山真面目，只缘身在此山中。"苏轼的《题西林壁》告诉了人们，由于所处地位的不同，看问题的出发点不同，对客观事物的认识难免也会有一定的片面性，要认识事物的真相与全貌，必须超越狭小的范围，摆脱主观成见。一个事物总是有多面性的，看待它不能仅仅从一个方面入手，而是要纵观全面，采取两分法。那么，在我们进入社会后也必须如此。我们要用清晰的头脑辨别人善人恶，而不能只听取别人的一面之词或自己看到的片面来做判断。金无足赤，人无完人，一个伟大的人可能有过最为黑暗的过去，一个坏人也可能有过光荣的历史。社会中的每一个人，我们都需要综合地进行评判。

看社会，看人，我们都要长三个头脑：一个是天生的头脑，一个是从书本中得来的头脑，还有一个是从生活中得来的头脑。

大学生走向社会，要正确认识社会，更重要的是要很好地去适应社会。那么，我们大学生应该怎么去适应这个社会呢？

其实，在现实生活中，我们每个人这一生都要经历很多苦难。仔细看看我们的脸型，两条眉毛像是一个草头，两只眼睛形成一横，中间的鼻子就是一竖，下面的嘴巴便是一个口，人的五官就构成了一个"苦"字。所以说，上帝这个造物主在把我们人类送到这个世上时，就注定要我们去承受各种苦难、打击和挫折。如何去承受各种打击和挫折？靠什么去承受各种打击和挫折？我们仍然以那张白纸为例。如果将这张白纸拿在手中，用笔尖朝纸的中间戳下去，很容易就戳出一个洞。如果把这张纸折成2的30几次方，它的厚度就相当于地球的直径，不但最锋利的工具戳不破，而且最大的人为外力也难以破坏。如果把这张纸放在坚实的平地上，再用笔去戳，就很难戳破了。再如果把这张纸避开笔尖，拿到它够不着的地方，也就根本不会被戳破了。

人的一生中会遇到各种磨难和打击，但老天爷是公平的，他给每个人的磨难和打击都相差不多，所谓"三十年河东，三十年河西"。我们大学生在走向社会时，也免不了会遇到磨难和打击。如何应对这些打击？这个小实验给了我们一些启发，第一要增加自己的厚度。这就要求我们加强学习，通过不断的锻炼，提高自身的素质，使我们人生的厚度足以抵御外来的各种冲击。第二要摆正自己的位置。同样的厚度，悬于半空与置于平地，结果截然不同。它告诉我们，做人行事不要高高在上、悬在半空，而要脚踏实地接地气。还有，在职场上和在平时人际交往的过程中，难免会碰到一些具有攻击性和难缠的人，我们要善于掌握和处理工作与人际交往中的一些必要的技巧，与之保持一定的安全距离，学会避让，从而免受各种打击。一个小小的游戏，向我们揭示了生活和人生的大道理。

同时我们还要学会进行自我的调适和改变。我们大学生走向社会以后，要用理性的眼光去判别各种社会现象，特别是要认清哪些是通过自身的努力可以改变的，哪些是不能改变的。这个世界上最大的危险在于想改变一切和不想改变一切这两种想法。我们要有勇气改变你能改变的一切，要有度量接受你认为不能改变却已经改变的一切，要有智慧辨别你认为可以改变、能够改变和确实不能改变的一切。

## 三、扬长避短 准确定位

我们大学生怎样才能把自己培养成为对社会有用的高素质人才呢？

首先，要确立自己的人生坐标，合理规划好自己的职业定位。说到这个话题，我们一起来探讨一下H和h理论。

# H和h理论

```
高级    高级                    总裁
CEO     专家                         总工程师

H                   h

文员    技术员              文员    技术员
```

　　这个H和h理论，就是指我们每一个人，经过自己的奋斗，可以成为高级CEO，这是一条路。我们的技术员，经过努力，也可以成为某方面的高级专家。这个理论说明什么问题呢？每个人往自己的专业道路上走，可以成才。另外，不同的专业，不同的岗位，只要经过努力，也可以成为总裁。这两条路其实是相通的。扫地冲开水的，办公室文员，计算机硬件维修工，经过努力，都可以成为高级CEO。

　　这里，我想送给大家三句话，就是按本色做人，按角色办事，按特色定位，这也是我们人生的三原色。按本色做人，就是我们每个人，当然包括我们大学生要坚持全人类共同的价值观和中华民族的传统伦理道德，遵纪守法，传承中华民族勤劳勇敢、正直善良、坚韧不拔的传统美德。按角色办事，就是我们要认识清楚我们自己在不同阶段所处的社会角色和工作角色，做好我们的学问和本职工作，简单说就是我是什么位置的人，就要办好这个位置的事。

　　按特色定位就是我们每个年轻人要根据自己特有的长处来规划自己的人生。何谓特色？特色就是你的某一方面与众不同，超过一般人的水准，或是你所独有的长处。

　　50年前，韩国有一户人家，在苹果收获的季节，父亲问三个儿子怎么处理摘下来的苹果。十岁的大哥比较懂事，说先挑快要烂的那些苹果赶紧吃了。八岁的老二说如果等把这些快要烂的苹果吃完了，那些现在好的苹果也会逐渐变成快要烂的了，与其永远吃烂的苹果，不如先挑最好的苹果先吃。这时候，六岁的小儿子说，这样要浪费掉好多苹果，多可惜啊。我们有很多朋友和亲戚家今年苹果收成不好，我们可以把我家的苹果按成熟度平均分配一下，把那些自己一下子吃不了的快要烂的苹果，送些给亲戚朋友一起吃，那样就不会浪费了。这位叫潘基文的小儿子，50年后就任了联合国秘书长。潘基文能胜任这个职位，缘于他从小就表现出的超人的组织协调和资源分配能力。

的确，有些能力是天生具有的。比如说，我有几个同学，上学时把English读为"应给利息"的当了银行行长；读为"阴沟里洗"的成了菜市场里的菜贩子；读为"因果联系"的成了哲学家；读为"英国里去"的成了海外华侨；而像我一不小心读成了"应该累死"，结果成了公司职员。其实我们每一位普通的大学生都有自己的特色，我们身上的某一点或许比北大、清华，甚至哈佛、剑桥的高材生们还要闪亮。关键是我们如何挖掘和发扬我们自身的特色、特点和特长。在各种招聘场合，经常看到一些大学生简历上的特长写着会唱歌、跳舞、打篮球……其实这些都是一般大学生共有的兴趣爱好，而非个人特长。大学生一定要正确认识自己，认清楚自己有哪些特色。

我们有些还在校的大学生，为了将来考虑，很早就开始给自己的职业生涯做规划，并且觉得自己有好多种选择方案。

在这里，我想告诉大家的是，我们大学生在进入职场之前，固然可以有很多种选择，但我们必须清楚地了解自己的知识结构、专业结构、能力结构、性格特征以及兴趣爱好是否与我们准备选择的行业、职业、职位相匹配。

去过庙的人都知道，一进庙门，首先是弥勒佛，笑脸迎客，而在他的背面，则是黑口黑脸的韦陀。但相传在很久以前，他们并不在同一个庙里，而是分别掌管不同的庙。

弥勒佛热情快乐，所以来的人非常多，但他什么都不在乎，丢三落四，既没有做好保安工作，也没有好好地管理账务，所以依然入不敷出。而韦陀虽然管账是一把好手，但成天阴着个脸，太过严肃，搞得人越来越少，最后香火断绝。

佛祖在查香火的时候发现了这个问题，就将他们俩放在同一个庙里，由弥勒佛负责公关，笑迎八方客，于是香火大旺。而韦陀铁面无私，锱铢必较，则让他负责财务和保安，严格把关。弥勒佛和韦陀都找到了适合自己的职位，同时在两人的分工合作中，庙里一派欣欣向荣景象。

其实，在我们现实社会生活中也是一样，从事任何一个行当、职业、职位，除了职场上一般必须具备的知识、专业和能力等基本素养之外，都要有具备与之相适应的特质的人来承担。比如，从事护士这个职业的人所体现的必须是要有细心、耐心和爱心等方面的特质。还有，警察、军人的勇敢，小丑的诙谐，法官的威严，教师的表达等，各行各业都有必须具有的特质的要求所在。张飞、李逵这类人是绝对干不了护士这个行当的；也很难想象卓别林去当法官会是怎么样；林冲就是落草也难成寇，因为他压根儿没有干土匪这个行当必须要有的心地残忍的特质。这些告诉我们，我们要认真剖析自己的特点和弱点，扬长避短，按自己的特色定位。

同时，人生固然有很多种选择，做出选择并不难，难的是选择放弃。现实中往往不是我们要选择这样的生活，而是这样的生活选择了我们。同时，有时候随着人生进入不同的阶段，外部条件因素发生变化，可能会有一些无法预料的各种机遇将不断出现在你的面前。俗话说,计划不如变化。因此，我们的职业生涯规划也可能需要做些适当的调整。所以不要过度规划你的未来和生活。

## 四、加强修炼　提高素质

什么样的大学生才能受到社会的欢迎和尊重？我给大家讲一个真实的故事。有一次我所在集团公司在沈阳的一家子公司提出要求总公司调派一名办公室文员，我考虑到一个办公室文员由千里之外的总公司外派的用人成本，于是叫他们到当地的人才市场招了三个实习大学生，本科、大专都行，谈好试用一个月，并预发了一个月的2000元见习期工资。当工作到20天的时候，我叫办公室主任分别找她们谈话，告诉她们一样的话，就是根据公司研究，不准备录用，月底实习期过后自行再去找工作。谈话一结束，第一个姑娘回到办公室拿好自己的东西，连抽屉都没合上就走了。第二个姑娘谈完话以后什么事也不干了，整天坐在那里打电话给同学和朋友帮她找工作，过了两天也走了。而第三位姑娘，每天照样在那里打字、复印、冲开水、扫地，做她每天该做的事情。主任问她，其他两位都走了，为什么你还不走。她说行政工作是她喜欢和热爱的理想职业，这里每天做的好多工作也是一种学习，她不愿意放弃这样的学习机会。再说，公司付给她的是一个月的实习工资，她就要做满一个月。其实整个过程都是我们设计的一种特意安排，也是一种考察手段。毫无疑问，公司要录用的就是像那位姑娘这样的员工。

既有理想抱负，又勤奋务实、好学肯干、诚实做人讲诚信、充满阳光心理，我们的社会需要的就是这样的大学生。

### （一）既有理想抱负　又要脚踏实地

人生要有追求，要有愿景。我们每个人尤其是我们的大学生要为追求自己的理想而努力拼搏。

一百多年前，从湖南湘潭的韶山冲走出了一位少年，来到长沙岳麓书院旁边的橘子洲头，面对北去的湘江，发出了"问苍茫大地，谁主沉浮"的惊世疑问。70多年前，已至中年的他推开了被大雪挤压的窑门，踏着齐膝的雪地，漫步在陕北高原的荒郊野岭之上，面对苍穹，发出了这样的感慨：

北国风光，千里冰封，万里雪飘。望长城内外，惟余莽莽，大河上下，顿失滔滔。山舞银蛇，原驰蜡象，欲与天公试比高。须晴日，看红装素裹，分外妖娆。

江山如此多娇，引无数英雄竞折腰。惜秦皇汉武，略输文采；唐宗宋祖，稍逊风骚。一代天骄，成吉思汗，只识弯弓射大雕。俱往矣，数风流人物，还看今朝。

经过十几年的奋斗，他带领他的团队，在天安门城楼上庄严宣告中华人民共和国的成立。他改变了中国，甚至在一定程度上也改变了世界。一个民族需要树立共同的愿景，并通过一代人接着一代人前赴后继的奋斗，才能屹立于世界的民族之林。同样，对我们每个人来说也是如此。

50年前的圣诞节晚上，一个普通的美国家庭里，母亲在厨房里准备着丰盛的圣诞晚宴。窗外下着瓢泼大雨，一个八岁的小男孩，穿着漂亮的圣诞礼服在花园的泥泞草地上翻滚、跳跃。当母亲叫他进屋享用圣诞晚宴时，这位小男孩告诉母亲说他要尝试着跳上月球。当母亲把他儿子的想法告诉邻里时，当时被当作了一个笑话。有一天夜晚，小男孩和他的小伙伴在花园里玩耍，听到邻居的小伙子向女朋友求爱时，女朋友说，如果要我嫁给你，除非你家隔壁的那个小子能跳上月球。结果不到20年，这个叫阿姆斯特朗的青年，代表美国也代表我们人类第一个登上了月球。

由此可见，从某种意义上来说，愿景是我们实现辉煌人生的助推器和强大的动力。

我们不但要有树立远大理想、仰望星空的情怀，同时更要有脚踏实地、默默耕耘的实干精神。我们大学生在进入社会以后，无论从事什么行业，干什么工作，要切忌好高骛远，一定要脚踏实地，勤奋务实。

还有这样一个故事：1847年，德国的格丁根大学，有位教授招了一批研究生，第一天他拿出一大叠研究报告的手抄稿，叫这批学生誊写。结果大部分学生找了各种借口托辞，有的泡图书馆，有的忙着做实验……都不愿意去做这份枯燥烦闷的苦差事。其中有一个学生，一个礼拜后把研究报告工工整整地抄了一遍交给了老师。若干年后，这个叫科赫的学生凭借对人类结核病的研究成为了诺贝尔生理学奖的获得者。从这个故事可以看出，脚踏实地做好每一件事是非常重要的。如果一个人一天能做一件实事，一月能做一件新事，一年能做一件大事，一生能做一件有意义的事，生命就将会由此而精彩。而贪多不务实则是人生之大忌。

## （二）加强学习 与时俱进

大学生要立足社会，努力使自己成为能够服务于社会的高素质人才，不但要有良好的思想道德修养，还必须具备在社会上打拼的各种知识技能。这就要求我们虚心地、不断地加强学习。

联合国教科文组织对文盲的定义是：不是不识字的人，而是停止学习的人。社会发展、科技进步，知识不断更新，有研究表明，大学生走上社会后能直接用到的知识不超过所学的10%，而且以每年25%的比例淘汰。人类5000年的文明，前4900年的总和还不如最近的100年带来的进步和变革来得多。学习是一个无止境的过程，我们只有不断学习才能适应这个快速发展的时代。我们必须明白，不学习、不坚持学习、不刻苦学习，势必会落伍，势必难以完成这个社会赋予我们的使命。我们对学习一定要有紧迫感，把学习作为一种责任、一种追求、一种境界。

那么，我们从小开始学习，特别是我们学生，大家有没有想过，作为学生来说，我们到底要学哪些方面的东西呢？第一方面，我们要学习生活的常识，这包括一些基本的行为规范。比如，最简单的，我们在马路上行车走路不能随意闯红灯，否则的话，轻则会受到处罚，重则会引起交通事故，造成人身伤亡。第二方面，我们要学习生存的技能，包括要学习了解一些文化知识和掌握一些必要的生活技能，小到能学会洗衣烧饭，干一些家务活，大到能具备使航天飞机上天的工作技能等，使我们能够很好地料理生活和具备一定的谋生工作能力。第三方面，是必须学习和理解我们人生生命的意义，就是我们要学会做人的道理，树立正确的人生观、价值观和世界观，而这方面恰恰是更为重要的。因为一个人只有对生命的意义有了正确的理解，才能成为一个对社会有正能量的人。

我们又该如何进行学习呢？首先，要学习正确的学习方法，即how to learn；其次，要学习正确的思维方式，即how to think；第三是学习提高我们的表达和沟通能力，学习如何与老师、与同学、与社会各界人士沟通，即how to say。

在美国，会说的不一定能当总统，但美国总统一定个个能说、会说。奥巴马的就职演说，当时的场面很是壮观，但是他的演说更令人震撼。我们的家长在第一天领着小孩上幼儿园的路上，就会告诫他在课堂里不要说话，一定要听老师的话。但国外却恰恰相反，课堂里哪能不说话，课堂里不仅要说话，而且还要跟老师说的比个高下。不善于说话的人是缺乏思考力的。我们学生要培养如何跟社会沟通，跟老板沟通，跟家人沟通的能力。

第四是要学习和提高执行力、行动力，能够切实地解决实际问题，即how to do。我们在学习过程中，不能把单纯的知识点当作知识，知识是包含理念、思维、方法、路径的一个体系，仅仅学到一两个知识点只是学习的第一步，最后要通过整合理念、思维、方法和路径，去思考，去探索，从而认识我们这个社会，并付诸行动，解决现实问题。

好多大学生可能会有这样的感觉，大一时，不知道自己不知道。因为总感觉自己从高考的"独木桥"中冲杀过来，身经题海百战，有什么会是自己不知道的呢？大二时，经过了一年的学习，了解到之前有好多的东西自己并不知道，知道了自己不知道。再读一年，到了大三时，知道自己仅仅是了解了部分的东西，知道了自己知道。到了大四，越来越感觉到知识的海洋浩瀚无边，未知的领域实在是太多太多了，尤其是对社会有了认知，反而对什么都变得迷茫了，最后，竟然不知道自己知道了。就像是个零，一个简简单单的圆圈，圆圈小，周长就小，面积也很小。如果你把这个圆圈无限扩大，这个周长也就越来越大，同样面积也越来越大。所以说，我们大学生，其实对所有人类知识的掌握都是无穷无尽的。尽管如此，据社会学家研究表明，一个大学生走向社会之后，其实他所能用到的大学中学到的知识是很有限的。我们在大学考试中的很多东西，在今后走入社会开始工作后几乎用不到，比如说一元二次方程的求根公式等。

我们的传统教育往往向学生进行注射式教育，过于看重知识点的掌握，这是很可悲的。就像高考中的选择题，答对了高考分数就能从599变成600分，也许就因为这一分能上北大清华，答不出来，对不起，北大进不去，清华也不收你。但这些仅仅是知识点，而不能代表真正的知识，也不是教育所要达到的终极目标。我们大学教育的可悲就在这里，把所有的教育放在灌输给学生知识点上，大家认为有用吗？

我们的大学生要培养正确的思维方式和不断提高思考能力。社会在不断地进步，事物在不断地变化，我们的学生也好、学校也好，都要去适应这些变化，要创新我们的理念。如果不进行变革，我们实际上仍然在承袭着中国几千年的封建科举制度，我们现在的学士、硕士、博士和院士实际上就会是古代秀才、举人、进士和状元的克隆品。为什么我们与欧美发达国家仍然有这么大的差距，关键还在教育。有些理念是要与时俱进的。我们小时候所学的铁杵磨成针的故事，除了告诉我们无论做什么事都要持之以恒之外，按现在的理念来看，把那么大的铁杵磨成针既浪费时间，又浪费资源，无论是在效率上还是在效益上，都是得不偿失的。大家都知道的愚公移山的故事，当然愚公挖山不止的精神还是值得我们学习的。但是，现在看来，为了一家人的生活方便，去搬掉两座大山，子子孙孙挖山不止，值得吗？完全可以带上行李走出大山到相对发达的地方去打工，同样能发家致富，何必这样劳民伤财。况且，把两座山都给铲平了，破坏了山体地貌，破坏了环境，不符合我们提倡的科学发展观。所以说我们有些传统理念也要与时俱进。与国际接轨，最重要的是人的接轨，人在理念上的接轨。

### （三）诚信为本 诚实做人

在当今社会，诚信似乎已经成为一种让人悲哀的东西。一种知识，一种科学，如果离开了道德的承载，离开了诚信，可能带来的就是一种危害和灾难。诺贝尔先生如果看到他发明的炸药被用来给美国大兵屠杀伊拉克平民的话，他在九泉之下也不会瞑目。所谓吃荤菜怕激素、吃素菜怕毒素，喝饮料怕色素，吃什么心里都没数。不诚信的市场行为对我们自身的健康带来了严重的危害。

如果一个人不讲道德，不讲诚信，学历越高、知识越多，对社会、对企业的危害也就越大。难怪有些企业的老总经常感叹：中专生好用，大专生可用，本科生勉强用，硕士生不好用，博士生更难用。

前些年，上海外白渡桥的重修就源自上海市政部门收到的一封来信。信中说道：尊敬的上海市政厅，贵市的外白渡桥是我们公司在一百年前设计的，明年就是一百年了，如果要继续使用，请你们对它进行系统的检查维修。落款是英国一家叫做艾金斯的桥梁建筑设计公司。大家想想，一百年过去了，起码已经经过了四代人，人家对自己设计建造的桥梁都还记得要负责。想想我们的招宝山大桥，经过了几次合拢？有些大桥甚至在造的过程中就发生了坍塌，这难道仅仅是技术问题吗？这更多的是诚信问题、良心问题。

以前，在计划经济的时侯，我们的国有大企业每年都会招几十名大学生，在他们刚进厂时，人事部门领导就会用"与企业共风雨同生死"的理念教育他们。那时候企业与员工的劳动关系是固定的、终身制的。现在则不同了，市场经济下的劳动关系，凭的是你情我愿双向选择，确定的合同期一到，双方都认为合适便继续留下来，否则就选择离开。但在劳动合同期内，必须是一心一意好好为企业服务，不做有损于企业的事，对企业负责。这是一个职业道德问题。我们要记住：诚信应该成为我们一生的伴侣。

美国前总统克林顿，曾因莱温斯基绯闻事件受到美国议会弹劾。但是他遭弹劾的原因并不是绯闻本身，而是他在议会上做假证。诚信是支撑人性的支柱，也是普世价值观的核心所在。后来，他承认了事实，美国民众还是原谅了他。

一名犯人在给教官的一封信中写道：小时候，有一天妈妈拿来了几个苹果，红红绿绿，大小各不相同。我一眼就看见了一个又红又大的，非常想要。这时，妈妈把苹果放在桌上，问我和弟弟：你们想要哪个？我刚想说我想要最大最红的那个。这时，弟弟抢先说了我想说的话。妈妈听了，瞪了他一眼，责备道"好孩子要学会把好东西让给别人，不能总想着自己"。于是我灵机一动，改口说"妈妈，我要那个最小的，把大的留给弟弟吧"。妈妈听了非常高兴，在我脸上亲了一下，并把那个又红又大的苹果奖励给我。

我得到了我想要的东西，从此我学会了说谎。以后，我又学会了打架、偷、抢。为了得到想要的东西不择手段。直到现在，我呆在了监狱里。

而一位来自白宫的著名人士曾经说过自己的往事："小时候，有一天妈妈拿来了几个苹果，红红绿绿的，大小各不相同。我和弟弟争着要大的那个。妈妈把那个最大最红的苹果举在手上，对我们说这个苹果最大最红最好吃，谁能做到最好，它就是谁的。

我非常感谢母亲，她让我明白了一个最简单的也是最重要的道理："想要最好的就必须努力争第一。她一直都是这样教育我们的，也是这样做的。在我们家里，你想要什么好东西就必须通过比赛来赢得。这很公平。你想要什么，想要多少，就必须为此付出努力和代价。"

一个苹果两种人生，值得我们展开思考。诚信，永远在我们的身边，哪怕是最小的事情都具有扭转乾坤的本领。诚信，在当今社会中所起的至关重要的作用，是无法取代的。一个人，可以功成名就，也可以平平庸庸，但是，只要有一颗善良、诚实的心灵，只要心怀淳朴的思想，这个人就可以说是真正的人。

### （四）注重修炼 懂得感恩

我们大学生要注重和培养良好的生活习惯，个别人在公共场所大声喧哗、随地吐痰、乱扔果皮纸屑、乱插队的现象，严重影响了我们的社会秩序。培养良好的生活习惯，这些本应在我们少年时代就该完成的课程，却迟迟难以完成，不良习气在如今某些青年人、甚至是大学生身上还屡见不鲜。难道不值得我们好好反思吗？

一个能够对社会提供正能量的人，应具备哪些素养？作家梁晓声的四句话概括最为恰当：根植于内心的修养；无需提醒的自觉；以约束为前提的自由；为别人着想的善良。替别人着想、顾及和尊重别人，这是一个人最起码的修养，而修养正是体现在小事上。

一个来自偏远乡村的北大新生，没有一位家人的陪伴，独自肩挑重重的行囊，初来乍到，对北大的校园不太熟悉，在熙熙攘攘的人群中，寻找着新生报到处。九月初的北京，正午时还有些炎热，同时经过了漫长旅途，当时的感觉真是又累又热，正好又碰上内急。情急之中，看到一位手提塑料网兜路过的老人，老人慈眉善目，衣着朴素，同农村里一般的老大爷没什么区别，小伙子便称自己要去趟卫生间，请老人帮忙照看一下行李。老人二话没说就应承下来，并告诉了小伙子附近卫生间的位置。然后，就静静地坐在路边的石阶上照看着行李。小伙子上完卫生间，由于还未吃上中饭，感到有点饿，想想有老人帮忙看着行李，便又在附近的餐馆里吃了一碗面。来到原来的地方，只见烈日下那位老人仍呆坐路旁，手捧书本，悉心为他照看地上的行李。向老人道了谢，老人说不用谢，在了解了小伙子要就读的院系后，还耐心地为他指引了报到地方的具体路径之后老人才离开。

过了两天，学校的礼堂举行了新生的入学仪式，小伙子只见几天前帮他看管行李的那位慈祥老者,竟也端坐主席台上。一听介绍,惊呆了,原来那位帮他看行李的老者竟是大名鼎鼎的北大副校长、著名学者、国学大师、资深教授季羡林。

就是这位德高望重国宝级的大人物,在他身上体现出来的低调、平易近人、善良、甘于助人等方面的优秀品质,给我们这位刚进入北大的小伙子,上了如何修炼人生的第一课。

人生本来就是一个刻苦修炼的过程。我们相信,要达到季大师的这种人生境界,并不是一朝一夕可以实现的,而是必须经过长期的修炼才能达到的。英国有句谚语,三年可以造就一个富豪,三十年可以造就一个绅士、三百年方可造就一个贵族。尤其是当今时代经济高速发展,在短时期内,要成为一个百万富翁并不是太难的事情。但要成为一个有修养、有内涵、有风度的绅士,就要经过十几年或几十年的修炼。而在一个贵族身上体现出来的那种印刻在骨子里的高贵气质,则是需要经过几代人的修炼与传承,方可形成。

我们的青年学生要胸怀慈爱之心、感恩之心,培养健康的心理素质。有一位警察抓住了一个小偷,但当这个小偷站在被告席上时,他的辩护律师提出警察在执法过程中,把嫌犯的手弄伤了。面对诘问,警察说,是的,由于自己用力过度,把嫌犯的手弄伤了。这是因为在跟踪这个嫌犯的时候,知道嫌犯的口袋里有一把锋利的匕首。于是在抓捕的时候用尽全力,为的是使嫌犯不碰到这个匕首。因为如果嫌犯拿出匕首,就要判十年;如果嫌犯碰到匕首;就要判五年。所幸的是,由于这位警察的尽力,使嫌犯既未掏出匕首,也没有碰到匕首,从而使嫌犯少坐了好几年牢。有这样博爱之心的警察,能不赢得老百姓的敬重吗?

我们的大学生,如果身体不好,可能是废品;如果能力不好,可能是次品;如果心理不好,有可能是危险品。前些年我们大学的校园里,发生过几起有的大学生由于不健康的心理,好端端的把同学无缘无故地杀了,最后自己也受到法律的制裁的案件。同样在前几年,美国校园也发生了一起枪杀案，一个叫赵承熙的韩裔青年，用冲锋枪射杀了32名同学之后自杀。但是美国社会却认为，这不是赵承熙的错，人家6岁就随父母从韩国来到美国，是美国社会没有给他足够的关怀和爱，从而导致了这一悲剧。美国人在32名受难者的墓地边给他立了同样的一块墓碑，给了他同样的哀悼，这被国际社会称为"感动世界的宽容"。

只要我们面对太阳，我们就会阳光满面；如果选择背对太阳，那么看到的永远是阴影。我们大学生要努力保持阳光心态，常怀感恩之心。我们要：

感谢太阳，给了我们光明；

感谢大地，给我们创造了万物生灵；

感谢祖先，给我们创造了五千年的文明；

感谢父母，给了我们生命；

感谢家人，给了我们温暖的亲情；

感谢老师，给我们传授了知识；

感谢朋友，给了我们珍贵的友谊；

感谢同事，给了我们工作的支持；

我们更要感谢祖国，感谢社会，给了我们美好的时代和美好的生活。

让我们始终怀着一颗感恩的心，积极面对自己的生活、事业和整个人生，在今后的人生道路上，能够从容地面向社会，走向社会，适应社会，加强学习，注重修炼，做一个受社会欢迎和尊重的高素质人才。

2011年5月21日

# 绿色企业　绿色家园

## ——在2010年中欧企业论坛上的演讲

各位来宾，女士们，先生们：

大家好！

今天，我们相聚在这里，是缘于我们共同关注的一个话题，那就是我们的发展既要金山银山，又要绿水青山，创建绿色企业和可持续发展，实现人与自然的和谐共处。

我的老家在江南宁波的一个小镇上。我至今还清楚地记得孩童时的生活情境。那时我们身上穿的是哥哥姐姐穿过的旧衣服，有的甚至还打过补丁；脚上穿的鞋子是母亲亲手纳制的布底鞋，餐桌上的鸡蛋、猪肉也只是过年过节才有的奢侈品。尽管当时生活并不富裕，却有很多值得回忆的情景。那时小镇上河网密布，溪水清澈见底，小鱼游来游去，小伙伴们在放学路上挽起裤腿就可以下溪坑里去捉鱼捉虾；路旁河边绿树成荫，用柳条编成"帽子"，可以高兴地玩上半天。

转眼，经济发展了，社会进步了，我们生活的情境也随之改变了许多许多。现在我们穿的是流水线上定制的高档服装；穿的是牛皮、羊皮乃至鳄鱼皮缝制的皮鞋；鲍鱼、鱼翅有时也成了寻常百姓家里餐桌上的美味佳肴。可是，我们现在已经很难见到鱼翔浅底的小溪，已经很难呼吸到清新润喉的空气……我们不得不疑惑：高速的发展究竟给我们带来了什么？我们又失去了什么？

我们只有一个地球，爱护地球母亲，就是爱护我们自己。企业作为社会经济的细胞和推动社会发展进步的主要力量，理应树立绿色可持续的发展理念，把节能减排、保护环境贯穿于企业发展之中，实现企业经济效益与社会效益的协调发展，实现企业与社区生态、自然生态的和谐共处。

我们公司在创建至今的短短十五年间，作为一家大型企业集团，在经营的房地产和资源类工业，国内外贸易和现代服务业等产业领域，取得快速发展的同时，积极承担社会责任，从战略发展的高度，将绿色可持续发展理念贯穿于产业规划、产品设计、工程管理的各个环节。

——我们的企业致力于用生态环保的建筑理念规划设计产品，为消费者提供人与环境和谐共处的生活家园，使建筑立面与周边环境相协调、小区景观营造与建筑布局相协调，内部功能设计与外在形象相协调。

——我们的企业致力于用绿色建筑材料打造健康住宅。从内部管材到墙体涂料，大量使用清洁技术生产的建材，改进房屋采光、通风、保温系统，节能减耗，达到从内到外的健康绿色。

——我们的企业致力于物业运营维护的环保行动。垃圾分类收集、水电设施节能化改造、绿色环保宣传等活动，让小区每个人都参与到绿色环保的行动中来。

——我们的企业致力于发展循环经济，实现资源综合利用和节能减排。通过研发新技术，实现对资源的高效利用和无害处理，达到高产能、低能耗、无污染的目的。

——我们的企业致力于"聚一流人才，创一流业绩"。以积极开放的姿态接纳和培养人才，创建绿色企业和实现可持续发展，是我们的不懈追求。因为唯有人才的保证，才能实现这一崇高目标。

朋友们，蓝天、白云、青山、绿水，是我们共同追求的幸福甜美家园。我们公司愿与热衷于并致力于绿色环保事业，促进可持续发展的国内外企业和各界人士一起，献出我们自己的一份微薄之力。

亲爱的朋友们，

为了让喜马拉雅山的雪峰更加洁白如银，

为了让非洲大草原的万物生灵更加自由自在地繁衍生息，

为了让多瑙河荡漾的碧波更加晶莹剔透，

为了让亚马孙丛林更加茂密葱茏，

为了让澳洲的袋鼠更加欢快尽情地跳跃，

为了让我们头顶的天空更加明净如镜，

为了让我们脚下的大地更加绿草如茵，

为了让我们眺望的大海更加湛蓝无垠，

就让我们深怀对地球母亲的景仰和敬畏之心，以虔诚的声音呼唤生命的绿色，珍视绿色，珍爱生命，共创我们人类共同的美好家园。

谢谢大家！

第六辑

札记随感

# 菲律宾见闻

2012 年前后，因我的任职公司矿产方面的工作业务，我曾经在菲律宾工作过一段时间。

记得，进入二十世纪八十年代初的时候，国门刚被打开，在宁波东门口街头经常会看到有些时髦的小青年，烫着头，戴着一副蛤蟆镜，上身穿着一件花衬衫，下身穿着一条喇叭裤，手上还提着一台手携录放机，打着最大的音量，在那里招摇过市。那时，路边的人们就会把这些小青年说成是像菲律宾华侨一样的人。这就是当时我们好多国内的人对菲律宾这个国家的最原始最直接的印象吧。

下面聊聊我在菲律宾期间亲身感受的一些所见所闻。

## 政局时常动荡　社会不安定

在二十世纪五十年代开始，特别是六十年代至七十年代之间，菲律宾采取开放政策，积极吸引外资，经济发展成效显著，与日本、缅甸同属亚洲最富国之一；它也是新兴工业国家及世界的新兴市场之一，1982年被世界银行列为"中等收入国家"。

菲律宾独立至今，经历数次经济快速成长，后受西方经济衰退等因素影响，经济发展放缓。然而，作为发展中国家，贫富差距很大，政局时常动荡，社会不安定，尤其是前几届政府的管理效力低能，政府部门贪污腐败现象严重，成为阻碍其发展的一大因素。

我第一次去菲律宾，飞机落地后一看，机场里保卫森严，那些日子阿布扎耶夫的队伍闹腾得凶。2012年4月18日就发生过在菲律宾时任总统埃斯特拉达63岁生日那天，阿布沙耶夫武装在菲律宾巴西兰岛将两名菲律宾人质的头颅砍下，送给埃斯特拉达作为"生日礼物"的恐怖事件。机场保安人员都拿着枪，但枪支显得有些土。

菲律宾治安状况之差人人皆知，在菲律宾国内人们都已习以为常。首都马尼拉不仅频发绑架欺诈案，甚至经常还会发生爆炸事件。而令中国人印象较深的事件，有2010年8月23日菲律宾马尼拉前警察劫持整整一大巴香港游客的事件，引发全球关注。

菲律宾治安恶化，非法枪支泛滥是一个主要因素，严重威胁民众的生命安全。到了马尼拉街头，到处都有荷枪实弹的保安。特别是在加油站、银行门口等一些地方，一眼望去，至少能够有几十支的枪支进入你的眼帘。甚至还看到过几个开小杂铺的小姑娘店主，据说为了应对可能发生的危机状况，腰里别着一把粉红色的袖珍手枪用于防卫，看起来就像挂在身上的装饰品一样。在机场就不用说了，进商场、电影院、酒店、商务楼都要排队接受检查，几个保安扛着长长短短的各类枪支，同时用根小棍子让每个人在门口打开包检查，偶尔还会搜身，开始几次弄得我们神经有些紧张。

终于有一天有人在马尼拉的中心地带Makati的一个商场门口引爆了炸弹。当时我们听见惊天动地的一声响，还以为是打雷没在意。过了一会办公室的同事们纷纷开始议论，原来是阿布扎耶夫组织放的炸弹，伤了十几个人，而放炸弹的商场是我们公司同事经常去购物的地方。

造成菲律宾社会动荡和不安定现象的另一个因素是活跃在菲律宾南部的 "新人民军"，菲主要反政府武装之一。菲律宾军方估计，"新人民军"几千名武装人员，其中有一半在棉兰老岛。在菲律宾南部岛屿为主的全国80个省份中的60个省都有武装活动。菲律宾军方曾多次组织力量进行围剿，如针对南部岛屿棉兰老岛"新人民军"游击队首领的一次军事行动，时间就长达数月才告终。

由于我们公司在菲律宾主要开展的是矿产业务，当时经营的矿区又大多分布在菲律宾南部"新人民军"活动比较频繁的地方，所以也会经常碰到由此带来的麻烦。

比如，有一天，我与几位我们菲律宾公司的老总一起要到东沙马的一个矿区去考察调研，因为那里的反政府武装当时闹得比较厉害，当地政府还特意派了两个全副武装的政府军人员与我们同行，全天候贴身保护我们。但看看他们随身带的武器却是实在不敢苟同，枪支表面锈迹斑斑，有好多地方已经被碰得凹凸不平。心里想想，凭政府军这样的武器装备，也怪不得很难对付全国那么多的反政府武装了。

但几天下来，这两个政府军人员倒是与我们几个一直是寸步不离，可能也是由于给了他们一点小费，提供的保卫服务工作就像菲佣一般细心周到，使我们平平安安地完成了几天的工作任务。

为了避免与这些反政府武装发生不必要的冲突，我们在矿区的营地，一般也会安排武装人员做好必要的防卫措施。同时，我们也了解到，在反政府武装游击队里的有些人，其实有些就是当地的老百姓。这些人主要也是由于生活贫困，不得已而为之。有的甚至有活干的话，就下山回家来，没事做了就又上山到游击队那里去混日子。所以，我们公司就会通过关系与这些人私下保持联系，一有什么情况，让他们及时给我们通风报信，予以采取必要的应对措施，确保矿区人员及财产安全。

按菲律宾政府的说法，这些反政府武装组织主要是通过压榨商业利润以维持生计，估计就像是向有些老板索取一些管理费之类。其实，南部的"新人民军"游击队虽然和政府军对着干，但一般也不会太多地去伤害当地的平民，他们大多数针对的是一些相对有钱的富豪人家。

有一次，我们在棉兰老岛的一个矿区营地闯进了一伙七八个人的"新人民军"游击队，为首的是一位三十来岁的女游击队长模样的人，穿着一件与我国"文革"时代常见的绿军装相似的衣服。进来后就问老板在不在，当时我们公司的干部员工就按事先统一好的口径，说老板不在，大家都是打工的人。

接下来，这位女游击队长模样的人就从口袋里掏出了在我国"文革"时代常见的塑料封面的一本《毛主席语录》，用菲律宾当地的塔加洛语向大家念了一段"谁是我们的敌人，谁是我们的朋友，这个问题是革命的首要问题"的毛主席语录。随后又作了一番大意是菲律宾反动当局勾结美帝国主义压迫剥削我们劳苦大众，我们要起来反抗，同他们作坚决斗争的宣传。之后，就带着这伙游击队员到附近的村子，找了一个大户人家，拿了一些粮食和衣服就跑回山上去了。

"新人民军"一直坚持游击战，既未夺取政权，也没被政府军剿灭。菲律宾政府也一直试图和包括"新人民军"在内的各路反政府武装进行和平谈判，但政府的和谈努力至今都一直没有成功。

## 腐败现象及政府管理效力低能

以前，经常听说菲律宾政府和社会各部门存在普遍的腐败现象，到了菲律宾以后，对此还真的感受颇深。我第一次到菲律宾，飞机落地后办完过境手续，就往外走去。在出航站楼大门之前，被一个机场工作人员拦住，先把我护照拿去看了看，接着就示意我还要检查一下行李箱。

那天我就带了一只普通大小的旅行箱，里面放的也是一些平时换洗的衣服，这位机场工作人员打开箱子检查了一番，也没有什么可疑的东西。然后，抬头看了看也没有什么反应的我，于是又示意我举起双手要检查一下身上的东西。当我的双手刚刚举起，他的手就马上伸进了我的裤袋，摸到了里面的两张百元钞票后，拿在手里一边说着我能够听得懂的中文单词"小费，人民币200元"，一边示意我赶紧离开。

路上，前来接机的同事告诉我，这种现象在马尼拉机场很普遍，机场工作人员看了你的护照后，知道你是第一次来菲律宾，一般都会索要大约二三十元人民币的一点小费，所以提醒我以后来的时候，口袋里尽量不要放太多的钱。想不到，一踏上菲律宾的国土，就马上领教到了传说中的菲律宾式的腐败。

过了一段时间，我们公司的一些员工签证到期，需要办理续签手续。办公室的小黄是我们宁波派去的大学生员工，去了一趟移民局回来说，移民局的人要求这些员工每个人去面签。由于菲律宾是个由7000多个岛屿组成的岛国，我们公司的好多矿区又分布在几个岛上，如果叫二三十个人回来一趟，光来回机票就要花费四五万元不说，再加上住宿差旅费，来回几天的歇工的工资，平均每个人的费用要在四五千元，加起来就是一笔不少的数目了。

正当大家感到头疼的时候，一位在我们公司办公室上班的菲籍华人说，这是没有给移民局的人好处，并提出由他来想办法解决。结果第二天，他带着我们的小黄去了移民局，在每本护照里各夹了700比索（相当于100元人民币），递给了办理签证的工作人员，一下子就搞定了此事。

我们的小黄回来还深感内疚地说，这是她人生第一次做这样不光彩的事情，我听了以后也只能安慰她说，这也只能是入乡随俗无可奈何的事情，就算是按当地的规矩办吧。况且，这样毕竟也给公司节省了一大笔费用。

还有离奇的是，有一次，我们菲律宾公司的一位老总到菲律宾警察署去协调一项工作。想不到负责接待的一位警官居然提出，要办这件事情，就要我们的这位老总在公司的工资单里给他的两位亲戚造上名册领几个月的空饷。更为荒唐的是，竟然还要我们的老总带两个姑娘出去消费消费。真是把我们的这位老总弄得哭笑不得。由此看来，警察在菲律宾民众心目中常常与腐败、敲诈和无能联系在一起也是情有可原了。

可见，当时菲律宾政府和社会有些部门的腐败现象是多么的普遍和严重。

在菲律宾工作和生活了一段时间后，还有一种给人较深的感受是政府管理的效力低能。凡是到政府等有些部门办事，很少有一两次能办成的，总是要跑上几次，拖上一段时间。有的明明几样可以同时办理，事先就完全应该一次交代清楚的事情，却往往是办好了交代的一点，又要再回去办另外的一点，实在弄得你没脾气。

## 美丽的风景与脏乱差的环境形成的鲜明对照

菲律宾群岛风光绮丽，椰树成林，湖光山色多姿多彩。又地处亚热带，物产富饶，水果、海鲜四季不断。再加上菲律宾是一个多民族的国家，由于历史的原因，融合了许多东西方的文化与风俗习惯特点，富于异国风情，所以它成为亚太地区著名的旅游胜地，吸引了世界各地的大批游人。

但在菲律宾，有一个明显的感受，就是美丽的风景与到处脏乱差的环境所形成的强烈对比。

先说素有"东方明珠"之称的首都马尼拉。来到东南部世界大港湾之一的天然的优良港湾——马尼拉湾，人们可以饱览那著名的马尼拉湾景色：一边是鳞次栉比的高层建筑掩映在排排棕榈和椰林中间；另一边则是浩渺无际的海面，向远眺望，令人心旷神怡。尤其是黄昏时分，晚霞把沿岸建筑、树丛以及海面的货轮染上一层淡红色，此时，漫步在这平坦宽直、树影婆娑的大道旁，一面吹着柔和的海风，一面欣赏着迷人的夕照，那诗情画意般的风光确实让人流连忘返。

在马尼拉，也闪耀着很多可圈可点的亮丽风景，其中最著名的要数"马尼拉湾的落日"了。马尼拉市有一条最有脸面的海滨落日大道——"罗哈斯"大道，宽阔而笔直，毗邻"马尼拉湾"。临近黄昏时来这里看日落，是来马尼拉不能错过的，你可以一览无余地欣赏那落日的余晖将金色的光芒倾泻在"马尼拉湾"蓝色的海面上，观赏此景你就能体会到什么叫"最美莫过夕阳红"了。

然而，在你席地而坐在尚有余温的石岸上，看着直到最后火红的太阳一寸一寸地坠入深黑的大海之后，当把你的眼光收回到岸边，进入你的眼帘的却是另一番景象。沿着哈罗斯大道边向几千米的马尼

拉湾海岸放眼尽望，从海岸线向外至少有几十米宽度范围内的海中堆积漂浮着大量垃圾，它们随着巨浪拍打岸边，形成一股"垃圾浪"，海岸变成了一个大型垃圾场，场面十分惊人。而且，随着拂面而来的海风，垃圾发出的阵阵难闻的臭味使人掩鼻扭头。

开始第一、二次看到这种情景，以为是由于遇到台风等特殊天气等情况偶尔出现，但去了几次后，见到的每每都是如此的场面，可见，这也是非一日之功的事情了。

由于每天都把无数的废物倒进海湾里，而且政府机构在清理、修复和保护等治理方面不够作为,媒体形容以日落美景闻名的马尼拉湾仿佛成了一个每天都被使用,但从不冲水的"马桶"。2008年12月,菲律宾最高法院曾下令13个政府机构清理、修复和保护马尼拉湾,要求将其水域恢复并保持在安全水平,以便民众进行游泳、潜水和其他形式的娱乐活动。但是,在该命令下达近多年后,马尼拉湾的海岸线仍然很脏。

哈罗斯大道边马尼拉湾海岸的垃圾现象在素有"东方小美国"之称的菲律宾苏比克湾同样存在。

我们公司当时在吕宋岛北部的三描礼仕省有个大型的铁矿项目,矿区离苏比克约三四十公里,每次从马尼拉出发前往矿区,苏比克是必经之路。

苏比克湾也是菲律宾的旅游胜地和经济特区。苏比克湾是一个港阔水深的天然良港,可以停泊世界上吃水最深的核动力军舰、集装箱船和油轮。海湾三面高山环抱,拥有天然风浪屏障。即使在台风盛行季节,太平洋西部地区狂风恶浪之时,苏比克湾内仍然是风平浪静,自然条件非常优越。苏比克湾和与之毗邻的克拉克都是当年美军太平洋舰队基地。苏比克湾是个完全有别于马尼拉的小城市,给人感觉就像是去了两个完全不一样的国家。可能因为港湾比较深,所以海水湛蓝清澈,城市在蔚蓝的天空映衬下更显明净纯粹。

虽然有了对马尼拉湾在环境治理方面留下的不敢苟同的印象,但起初对苏比克湾的美景还是抱有很大的期望。然而,有的地方所见的现象却与马尼拉湾的情景差不多。我多次入住的酒店都在几处滨海的酒店,由于苏比克本来就是一个旅游城市,酒店里游泳池、酒吧、KTV等比较高档的各种设施倒都一应俱全,但当我走出酒店,来到酒店毗邻的海边时,看到有的海滩上一片狼藉,有许许多多的垃圾,一看就是很长时间都没有进行过清理。

## 交通 "大堵市" 马尼拉

说起马尼拉的交通拥堵,几乎所有人都对此深有感触,有的甚至一提起就会咬牙切齿。媒体报道也常说，马尼拉有着世界上最糟糕的交通，作为国际级大都市的马尼拉被"誉为""全球交通最差"的名副其实的"大堵市"。

在马尼拉，即使非高峰时间，依然可以堵得昏天暗地。如遇上上下班交通高峰期，还要经过繁华地段，交通拥堵情况就更不用说了，有时简直是恐怖。

马尼拉糟糕的交通状况当然与菲律宾人对于交规的主观态度有着极大的关系。在菲律宾开车有两条铁则：一是开车时你自己是最重要的；二是没有其他规则。我们公司司机中的菲律宾人经常对大家说，遇到交通灯怎么办，绿灯行，黄灯更要加速行，可别等它变成红灯。红灯是要停的，不过如果眼看左右没车，那就赶紧走起。可见，菲律宾人的交通规则意识确实对糟糕的交通状况产生了极大的影响。

但从根本上来说，之所以存在这种糟糕的交通状况，还是要归因于公共交通系统的混乱管理。在马尼拉，经常看到在一些主要的街道上，到处都是密密麻麻的车辆，大部分车辆行车时根本不按行车道行驶。站在马尼拉街头一眼望去，你可能同时看到人力三轮车、摩托三轮车、大巴车、出租车、私家车，甚至轻轨穿梭在同一条线上。

说起马尼拉的车辆，不得不说说吉普尼。它似乎是集吉普车与中巴车以及敞篷车混合而成的一种外形比较奇特的公交车辆。大部分吉普尼的整个车身都会涂上色彩斑斓的各种图案，成为马尼拉街头一道独特的风景。

行驶在马尼拉街头的吉普尼，没有固定的停靠点，乘客随时随地都可以上下车，由于它行驶的速度不是太快，所以经常看到有人在它行驶过程中跳上跳下。乘客只能从车辆仅有的一道后门上下车，拥挤的时候，在车辆行驶中，有的人会用单手拉着门框的钢管，单脚站在车子的门沿上，几乎整个人吊在车外，有的甚至爬上车顶，乘坐在上面。所有这些，在一般国家应该算是比较严重的交通违规现象，有关交管部门肯定会予以严肃处理，但在马尼拉则是属于司空见惯的事情，包括警察看到也不会去理会干涉。这种交通乱象一直存在，城市交通不堵不混乱才怪呢。

同时，过多的公交运营商造成公交线路混乱，加大了交通拥堵情况。各种车辆重复着同一条交通线路，强拉客源等问题导致马尼拉市的交通就像血管出现血栓一样，交通拥堵成为家常便饭。

然而，马尼拉的道路，年年堵、月月堵、天天堵，也始终未见政府采取什么有效的措施来改善这种局面。在各个堵车的路段，也鲜有看到交通警察前来疏导处理。同时，在我的印象中，整个马尼拉市的交通警察加起来，好像还没有我们宁波市一个海曙区的交通警察人数多。这或许也是他们国家这种大社会小政府的体制所决定的吧。

好在马尼拉堵车的时候，一般不会出现完全堵死的情况，而且各车辆之间也比较讲忍让，司机之间不会相互开斗气车，所以，马路上尽管乱得很，但车辆之间很少发生大的碰撞现象。这倒要感谢菲律宾百姓普遍具有的那种虽然有些自由懒散，但却轻松友好的天性。

生活在马尼拉，不得不去面对这种"大堵市"现象。因此，每次开车出去办事或是到酒店去就餐，上路前心里总是会忐忑不安，多留足一些时间，这样，多多少少可以减轻堵车带来的痛苦。

现代与陈旧，传统与时尚，历史和发达，就这样同时在同一个地方，同一个时间发生。这就是菲律宾给我的印象。

# 矿区轶事

**2011** 年8月的一天，我和集团公司人力资源部的小王经理及我们菲律宾公司的几位领导一起去棉兰老岛上的巴西安矿区考察。之前，就听说通往矿区的道路全是土路，尤其在下过雨以后，就成了名符其实的"水泥路"，有时候连四驱的越野车都无法正常行驶。

我们一行人吃过早饭后出发，那天也是下着雨，大家坐的是一辆四驱的越野车，一路在山区的泥泞道路中行驶。途中，雨越下越大，路上到处都是两边山上滚流下来的泥石。在快到矿区的时候，车子终于陷在了泥坑里，怎么弄都无法开出来。

看样子雨一下子也不会停下来，于是大家商量一下只好分头到附近看看有没有矿区之类的地方去找人来帮忙。那天还算运气，在我走了大概五六百米远的地方，看到有菲律宾那里常见的一种棚子，棚子里坐着一个人。离棚子百来米处好像有个小矿井口，两边堆着一些用编织袋盛放的矿石，旁边的棚子里好像也坐着一些人，估计他们都是这里的矿工因为雨大在停工休息。

由于我基本不懂英语，情急之下，只好用仅知的几个英语单词夹杂着中文"my car 陷进去了，help me，please！"再加上手势与跟前棚子里的这个菲律宾矿工进行了沟通。想不到他居然马上就站了起来，并招呼两三个人跟在我后面，来到我们那辆被陷进泥坑的车子旁。看了一会，就和我们几个人一起拉的拉，推的推，但因为车子实在陷得太厉害，弄了好一会，仍然动不了，把我们几个急得只能傻傻地站在那里发呆。

那时，只见几个菲律宾矿工叽里咕噜了一番，有人就开始往回走去，当时我就有些失望起来。但看其他的几个人还站在那里没离开的样子，又觉得不知到底是怎么回事。正在我感到纳闷的时候，刚才回去的人又找了几个同伴并且带着两根绳子过来，系在了车头两边作为拉车之用。

正在我们做着拉车准备工作的时候，只见路边山上二三十米处的棚子里走出了一个八九岁的小姑娘，手里拿着一把小铁锹朝我们走来。到了车子边，把小铁锹递给了菲律宾矿工，矿工接过小铁锹先把车轮旁边的做了清理，并在车轮子下面垫上石块。然后，大家有的在后面推，几个在前面拉，配合几下就将原来深陷在泥坑里的车子拉了出来。

想不到，这些菲律宾矿工在帮我们拉出车子后，收起绳子就起脚回去了。为了表示感谢，我就向他们喊道：money have! money have! 开始，他们回过头来，只看了看我们，居然摆摆手拒绝了我们的好意，还是继续往回走去。我赶紧叫我们菲律宾公司的老总追了上去，还是给了他们每个人50比索（约合人民币7—8元），他们才收了钱并表示感谢后回矿区去了。为了感谢那位拿小铁锹过来帮忙的小姑娘，我们的小王还从车子里拿了几个苹果给了她。

当时我不禁想起了第一次来菲律宾在马尼拉机场就被机场工作人员强行索要小费的情景。同时，我又联想到在我们国内，当车辆在经过一些地方的乡村公路时，也有遭到村民在道路上设置栏杆等障碍物，甚至故意在路上挖坑，使车辆受阻，从而向司机索要过路费和帮忙费等现象。于是当时在我的心中又不免产生了一种假设和担忧，今天这些矿工山民在帮助我们的时候，根本没有索要报酬的心思，是我们主动给的钱；但第二次碰到这种情况，会不会帮完忙就等着拿钱了；第三次就会主动要钱；第四次会不会要求加钱；以后还会不会同样动出故意挖坑的这些幺蛾子，变出什么法子出来索要钱财。但愿这是我杞人忧天罢了。

菲律宾的天气就像我们国内江南一带夏秋季节的雷雨天一样，上午还是大雨瓢泼，下午转眼就变得炎日燥热。在下山回来的过程中，走了大半天的山路，大家都有些口干舌燥。在经过山脚路边的几株椰子树时，看见旁边一个棚子上有个妇女坐在门口。小王通过简单交流，表示我们用50比索买她树上的五个椰子。她听了以后，立刻像猴子似的几下就爬上椰子树，很快就到了十来米的树冠处，给我们扔下来七八个椰子。临走时我们的工程师看见旁边还有香蕉，于是又拿了几串，当我们另外再给她钱时，她竟然拒绝了，表示50比索已经足够了。

我们拿了椰子就继续上路，后来发现没有工具打开椰子，只好到了一个路边的杂货铺请人帮忙。杂货铺摊主拿了把刀把椰子切了个口，而且给了每人一根吸管，我们给钱时又被谢绝了，意思是这点小事不用客气。

尽管当今的世界正在变得繁荣，但在经济发展和现代化的同时，也在慢慢吞噬着原本人间一些美好的东西。而恰恰在没有什么现代化的痕迹、相对不发达的菲律宾，这些穷山僻壤里的山民，却依然是如此的淳朴与善良。这不禁使人思考和感慨，经济发展和繁荣的现代化，到底能给我们人类带来些什么？

# 感受香港

次到香港，总让你会有不同的感受。以前香港给我的印象
较为深刻的有两点，第一是百家争鸣而又纷繁杂乱的媒体
舆论与香港民众自顾自按部就班的有序生活形成的强烈反差；第二是
九龙老城狭小的街巷及其破旧的陋房与坐落在维多利亚港湾岸边那鳞
次栉比的高楼大厦所形成的强烈对比。我想，这些强烈的反差如此安
然地共存，也许就是这种特有的开放度与包容度，才使香港这个弹丸
之地能够在全球中保持其独特地位的主要原因吧。

然而，近两次的香港之行使我对香港又有了新的感受。

今天，我和公司同事从宁波机场出发去雅加达，中转香港机场。
在机场6楼商务舱贵宾室稍事休息后前去登机时，从1楼上来的电梯里
走出一个年轻亚裔美女，当她看到我和同事之外还有两位拖着行李的
欧美裔老人在电梯门口等候时，就自然而然地帮我们按住电梯门，直
到我们帮着把老人一起送进电梯。

联想到不久前我去香港参加内地企业在港专场招聘会，会场就
设在紫荆广场旁边的香港会展中心。招聘会间隙，我漫步来到紫荆广
场，看到一群群鸽子悠闲地在游人们的身旁溜达，有的甚至还飞落在
人们的手臂和肩膀上。当我走到维多利亚港的岸边，席地而坐，闭着
眼睛，正尽情地享受着清新的海风时，忽然感到似乎有什么东西来到
了我的身边。睁眼一看竟是几个小麻雀在我的脚边来回跳跃觅食。我
当时就想，如果这是鸽子，一点也不足为奇，因为鸽子早已被人类所
驯化。有一次，我在巴黎圣母院前广场驻足时，就曾碰到过有一只鸽

子飞进我的风衣钻到我的怀里的事。而眼前离我咫尺的却是正宗的野麻雀。看着这几个小精灵旁若无人自由自在的样子，当时给我的震撼真是无法形容。

　　这两件极其微小的事情，使我对香港又有了新的认识。以往，我们总会把上海、宁波与香港作比较，的确，上海和宁波的高楼大厦不比香港少，上海的GDP也早已超过了香港。然而，一个城市、一个社会的文明与进步，不仅仅是靠这些就能体现，而更重要的是靠人与人之间、人与自然之间的和谐相处。或许，从香港的一次乘电梯经历和飞经我们身旁的几只小麻雀的小事之中就能使我们重新感受香港。

2014年4月20日

于香港-雅加达航班中

# 浦东机场缺少点什么？

因公司业务出差，6月2日我从上海浦东机场飞赴菲律宾马尼拉。由于菲律宾是个岛国，所以半个月中几乎都在南北各岛的机场中穿梭。菲律宾地处亚热带，目前正是雨季来临之际。记得是在6月14日上午从马尼拉飞抵吕宋岛北部卡加颜机场时，正下着大雨。当时停机坪离机场大厅有几十米的距离，当我走出舱门时，服务员及时地递上了一把雨伞。当时我很是感激。在北部卡加颜工作了一天，6月15日返回马尼拉。还是在北部卡加颜的机场，当天的天气却是烈日当头，当我走出登机口时，服务员同样及时地递上了一把遮阳伞。那时我的心就有一种被震撼的感觉。

6月18日，我从菲律宾返回国内。中午从马尼拉机场出发，经过三个小时的飞行，下午三点半到达上海浦东机场。飞机降落时，我们被抱歉地告知，因为正下着大雨，机场的摆渡设施有限，要求我们在机上耐心地等候。过了一个多小时，好不容易轮到我们下飞机。当我走出舱门时，大雨还在下个不停。然而我们却没有在菲律宾机场所享受的待遇了。从机舱门到摆渡车的几十米路程把我们淋得全身湿透。

联想到2004年底，国际航空联盟在亚洲遴选一座有超级吞吐能力且在软硬件上都过硬的机场。中国浦东机场、韩国仁川机场进入最后的决赛。各种数据显示，两者硬件条件不相上下，就看谁的软件服务更胜一筹。国际航空联盟的几个官员乔装成普通乘客到两家机场"明察暗访"。取行李时，官员们发现仁川机场下来的箱子几乎一尘不染，而浦东机场取到的箱子有些脏，有一个还新增了一道裂纹。在现场调查中发现，仁川机场的地勤工作人员面带微笑，将整个箱子认真擦一遍后再将其小心地摆放到行李车上，等着乘客来取；而在浦东机场，当行李箱滑下来后，地勤工作人员使劲将其朝一旁的行李车上随意一扔，工作中，表情麻木，感受不出一点对这份工作的热爱。三个月后结果出来，浦东输给了仁川。国际航空联盟解释：我们不能把每年两百万吨乘客携带的行李交给一群不热爱自己工作的人来随心所欲地处理，这不符合亚洲中心空港的气质，也不符合每年三千万人次乘客的心愿！浦东机场没想到自己竟然输在这样一个几乎可以忽视掉的"细节"上。虽然他们表示一定会立即整改，但是，就这次两个机场之间的PK而言，当然是一切都为时已晚了。

然而，当时浦东机场的有关领导，不但没有把这次事件作为改进机场工作和提高服务质量的教训，在把尽心尽力为顾客服务作为机场所有工作的根本宗旨方面去做深刻的反思，反而仅仅对没能拿到每年近两亿美元的收入，而且为迎接检查所做的一切投入和努力都付之东流感到深为懊恼。

如此，人们不禁要问，浦东机场到底追求的是什么？对于工作，如果只有强烈的功利心，一切的投入和努力只是为了迎接检查过关，一味地追求经济利益，而没有发自内心的对乘客的关爱，出现这样那样的细节问题自然也毫不奇怪了。浦东机场应该知道，所有的细节都是要由对顾客的关爱来填充的。

再回想到自己在菲律宾北卡加颜机场和浦东机场经历的两种截然不同的待遇，内心感慨颇多。中菲两国在综合实力、国际地位和社会经济发展总体水平上不可同日而语，两个机场的规模地位和硬件设施也有着天壤之别，为什么在一个小小岛国的区域机场能让我们如此感受到感激和震撼，而在一个堂堂大国顶级的大都市的国际机场，却经受了在经过漫长时间的等候后还被大雨淋得浑身湿透的境遇？

如果说，2004年的那场角逐，浦东机场因一个行李箱的细节输给了本与之不相上下的仁川机场；那么，今天的一场大雨又让浦东机场输给了东南亚一个小小的北卡加颜机场。两相比较，耐人寻味。

　　浦东机场到底缺少点什么？缺少的是人文关怀，缺少的是对每一位顾客的关爱。

2011年6月18日晚

# "医" 难杂症

出差多日，晚上七八点钟才回到家里。年近花甲的我，岁数不饶人，白天坐了四五个小时的飞机、汽车，甚感疲惫，倒头就睡。

夜半时分，几声呻吟声惊醒了我的睡梦。妻说，肚子疼，呕吐得厉害，且发现已呕出血。对普通百姓来说，口吐鲜血是天大的事情，于是赶紧起床穿衣，来不及洗漱就直奔医院。因儿子在海外留学，又是后半夜，也不好意思打扰其他亲戚朋友，只得由我驾车陪同前往。好在家住月湖旁，附近就有家市级医院，开车5分钟左右便到了柳汀街的这家医院大门。时为后半夜4时20分。

但这家医院大门挡杆横拦，且门岗空无一人。转念一想，是否夜里只能走医院的县学街后门。

于是，绕到南大路右拐到县学街，一看是单行线，不能右拐驶入。只得绕了两三里路至镇明路再到县学街，只见县学街中设有隔离栏，按常规不假思索地进入右车道，但是行驶至县学街的医院后门，中间仍有隔离栏不能进入。只能往前到南大路再绕原路一圈进入县学街的左车道，进门取卡后驶入地下车库。

到了地下车库，刚停好车，就有管理员前来阻止，说车身太长，已超出车位线，需调整至另外车位，于是倒出又重新停车。

停好车，又费些时候找到地下车库的电梯口。到了一楼急诊挂号处，挂好号付完款，一看，时已4点50分。

询问内科急诊室在何处，顺着挂号处工作人员手指的方向连续找了几间开着门的均空无一人，仔细找到急诊内科时也是如此。猜想值班医生是不是在关着门的房间里睡觉，于是抱着可能被骂的侥幸心理朝着关着门的房间小心翼翼地敲了几下门，然仍未见答应声。正在怅然无奈之时，终于看见之前敲过门的房间出来一位医生，走进了内科急诊室。赶紧过去问候：医生，辛苦。接着，医生问，妻子答；医生记，我们等。然后医生拿出医疗器具往妻的口腔简单看了一会，怀疑口中所吐之血可能是由于呕吐厉害，由食道毛细血管破裂所致。于是，嘱转至五官科进一步诊治。

因急诊室没有五官科值班医生，便叫我们到住院部20楼五官科找值班医生诊治。到了住院部20楼五官科检查室，空无一人，只得耐心等待，稍许进来一位看起来睡眼惺忪的医生。边问边拿器具检查了一番，认为喉腔食道均无什么大问题，建议再由急诊内科进一步诊治。

重回急诊内科，看了五官科值班医生诊断意见后，医生说需先抽血化验，于是来到化验处。化验师问单子在哪里，我反问单子在哪里。化验师说有没有付过钱，我明白后赶紧去收费处开单付钱。妻坐下捋起袖子，化验师找了一阵子也未见血管有合适的扎针之处，换只手也是一样，说妻的血管太细，难扎没把握，反正接下来要输液，于是建议到输液的地方去抽血，这样可以少扎一针，减少点痛苦。

来到输液室，毕竟是输液室的护士，水平高，一针见血。抽完需化验的血，输液护士问药在哪儿，我反问药在哪儿。妻说药需医生开，于是我又到内科急诊室找医生开处方，拿到处方之后跑回到输液室，护士说需付钱。跑去付好钱单子交给输液护士，护士问药呢？我又反问药在哪儿。护士说需自己去药房取药，于是又跑去药房取来药。当护士掺配好药，始终不见妻血管回血。护士说因等待时间过长，血管已凝固，需要重新扎针。幸好又是一针见血，之后护士很自然地将输液袋递给我，由我陪妻至病房输液。安置好妻子，一看时间，已正好6点。

坐下来一想，诸如护送患者到病床、调理输液进度等有好多事情理应是护士做的工作，为什么由患者或其家属来做呢？第一袋输液的一个多小时内，也未见一个护士前来巡视一次。

7时许，内科诊治医生过来询问，现在情况如何，并说她已在电脑上看到化验报告，白血球很高，诊断为消化道炎症，需连续输液两三天，建议之后的药同时开好后付款。于是来到化验师询问化验单，化验师把手往前一指回答说，前面拿。走到墙壁边，未见一人，看到旁边的挂号处窗口有人值班，前去一问，窗内的人顺手一指两台机器，我顿时明白，原来要在机器里自助取单。

我找到急诊室正打着瞌睡的一位年轻医生，请他帮我取一下化验单。他睁大眼睛盯着我看了有一会后，结果还是耐着性子跟我来到妻躺的病床边，从一大叠单子里找出了条码单。来到机器旁，说他也从来没有操作过，所以极不熟练地用了好几分钟的时间才帮我打出了4张化验单。

拿着化验单找到值班医生开处方，再到付款处付钱，到药房取药，回到妻病床已7点20分。一看，正在挂的第一袋盐水已所剩无几，赶紧跑去叫护士换药水袋。

至8点半，输完液，陪妻回家。

回到家里，总觉得有些话不吐不快。于是，提起笔来写下了以下的牢骚话。

牢骚一：一般的市民，尤其是非土生土长的宁波人总以为进医院该走大门。况且退一万步说，碰到急诊又是在深夜，医院的大门不能进，还要到处找能进的后门与边门，这未免有点不近常理。

牢骚二：白天南大路不能右拐进入县学街情有可原，半夜急诊，车辆稀少，完全没必要。这是其一。其二，县学街隔离栏的设置有悖交通常理。

牢骚三：医院停车场系大众化标准设置，我驾驶的雷克萨斯属于普通车型，到底是我的车子问题还是停车场本身设置有问题。

牢骚四：从医院大门找到急诊挂号处花费近半个小时，除了我自己不够灵光外，医院、交通等系统是否也有需要改进之处。

牢骚五：在这个信息化的时代，高新科技确实能带来便捷，但是不是也应该考虑到患者尤其是老年人的便利。仅凭几台机器让患者自己操作，周边也没有工作人员指导，这让患者尤其是老年人如何是好。再者，作为医院工作人员都不熟悉机器的操作，对一般的患者来说，是不是也有点勉为其难呢？

牢骚六：扎完针，陪送病人到座位或者病床，调节输液进度等应该都是护士的本职工作，却把药水给病人家属一走了之。值班护士扎堆在那或闲谈或瞌睡，却鲜有对输液的病人进行必要的定时巡视，这些医护人员的职责和责任心体现在哪里？再者患者在输液过程中若出了意外，又无人陪伴，责任谁来负？

牢骚七：对于急诊的病人，是不是应该救治为先？在目前医保已经大部分覆盖的条件下，发生逃费欠费现象的概率已经很少，非得先付款再治疗，难免有些强人所难，医院的以人为本又体现在哪里？而且，看一次病要跑N个地方，交N次款，如果是老年人，病没看成，倒是先累倒了。在目前计算机信息系统已经十分发达的条件下，这些或不合理或烦琐的流程是不是应该做些调整，真正做到便民利民。

发了一通牢骚之后，还有一点感想：验血师面对血管细小的患者担心难以扎针，建议到输液处一并处理。这其中，有技艺不精、推脱责任之嫌，这对医生和患者及其家属来说，其实都是大家心知肚明的事情，但由于医生的说法比较合理，尤其是以使患者少吃苦头的名头，不但使其免受奚落或责难，同时还不禁使我们感受到他的善良。其实，在当时我的脑海里曾浮现出一个画面：由于一个需要输液的小孩患者身上连扎几针未成，看到疼得哇哇大哭的儿子，父亲恼羞成怒抢起凳子砸向年轻的女护士。而由于我们眼前的这位医生比较得当的几句话，化解了可能产生的一场医患矛盾。

又譬如，以前确未在机器上提取过化验单，从家里出门到在看病过程中又碰到自认为那么多不畅快的事，此时的心里已有对以上诸多

"医"难杂症的不满。叫醒正打着瞌睡的年轻医护人员来帮忙取化验单，由于这位年轻医护人员的举动，减弱或消除了患者及其家属对包括公共设施系统、医疗体制、医院的日常管理制度和流程、医护人员的技术水平、职业操守等方方面面的"医"难杂症所导致的不满和愤懑。由此可见，在好多医患矛盾的产生过程中，只要我们的医护人员表现出善意或者给予患者及其家属一点点主动或甚至是被动的帮助，许多医患矛盾就可以及时消除，更多的恶性医患事件就可以避免发生。

最后还有一点建议，本文所述，确为近日由本人亲历的事情。鉴于这家医院从医生、科室主任到院领导之中，有我诸多的哥们朋友，平日里本人及亲朋好友如有不适去麻烦他们，也都很帮忙。因此事在半夜，故未打扰他们。但从一个普通百姓的角度今天写上几笔，无非是提请医院及政府部门的有关方面领导引起关注，系统地来帮助解决此类"医"难杂症。同时，也没有必要去责难前面提到的几个医护人员，因为所有这些"医"难杂症，并不全是他们的过错。从根本上说，所有责任由我们的社会各个方面、我们的理念、现行的管理体制和现有的管理系统所致。

2014年11月28日

# 有种出种

下班吃完晚饭，收拾好碗筷，妻子坐在沙发上织毛衣，小学二年级的儿子做着作业，我在一旁看闲书。

儿子做完作业，按照老师要求，须由家长检查签字。当我看到他语文作业里将游泳的"游"的右偏旁写成了反文旁时，不禁哑然失笑。妻子一旁嗔怪道，"儿子做错作业你还笑"。这时一段往事浮现在了我的脑海。

记得是我读初中时，也是在语文作业里将游泳的"游"的右偏旁写成了反文旁。有一次当教我们语文的邵老师向我指正时，年少不明事理的我还强词夺理，称从小学开始就一直这样写的，直到邵老师把新华字典翻给我看后才认账。真想不到，时隔30年，我的儿子会重蹈覆辙，故地重"游"，竟会克隆出我当年同样的错误来。难道写错别字也会遗传？

妻子听完这段故事，冲口而出一句话："有种出种。"

1999年5月

# 望

如此深邃的眸子
这般专注地凝视
似乎在思索六十天来的人生哲理
又仿佛在探究宇宙的神奇
其实你大可不必过于着急
这些是你过了六百个月之后
才来得及去思考的课题

希望现在每天的你
依偎在母亲的怀抱里
悠然地吮吸着甘甜的乳汁
匍匐在父亲宽厚的背脊
慢慢地进入梦乡的恬谧
醒来时看到你伸着懒腰和又长了一圈的身段子
笑靥如花粉团似的小脸上露出满满的惬意
我们的感受是多么的甜蜜
这就是我们希望看到的现在的你

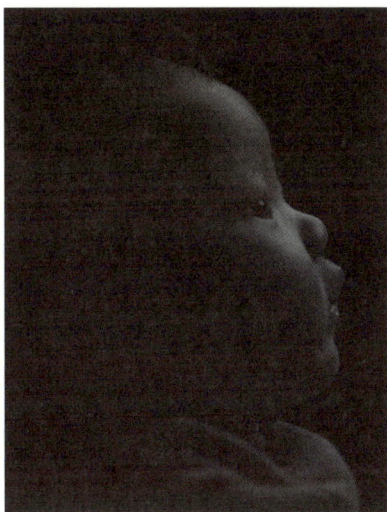

——为孙女恬恬双满月照而作
2018年10月21日

# 后　记

多年来，平时在工作之余也写了一些文字。特别是有几年的时间，去国内外各地出差比较频繁，一年的登机牌就有五六十张。加上大部分的国内航班都很难正点起飞，在机场喇叭里传来的抱歉声中往往一等就是个把小时甚至更长时间，同时为了排遣在航程中的疲惫感，于是我经常利用在机场的候机和飞行中的时间，在随身所带的笔记本电脑里写上一段。

写的这些东西，有的被一些在报社和杂志社工作的朋友拿去以后，也曾发表过。我在担任宁波职业经理人协会会长期间，与甬商公共服务平台负责人曹云先生有过很好的合作。前段时间，他提议把我的一些文稿和一些演讲稿整理一下，编辑成一本文集，并主动帮忙联系落实了出版社。

为此，我选取了以前写的一部分文稿，进行了一番整理和修改，并根据文稿的内容做了归类，编辑成了这本文集。文集第一辑主要是记述从我的童年至下乡插队之前有关老家的一些回忆；第二辑为知青岁月；第三辑是招工后在工厂的早期经历；第四辑为在机关的工作及轶事；第五辑是为高校大学生等所作的演讲稿；第六辑为一些随记、感想之类。

文集中描述的一些事、一些人、一些景、一些感想，都是本人一路走过的真实经历和体验，为此，想了一下，索性就把这本文集的名字叫做《走过》。

文集中文稿的内容有点杂七杂八，基本都是想到哪里就写到哪里，有感而发的一些东西，也没有特意去讲究什么体裁。至于文章的风格，平时写东西的时候，在文字的表达方面，不太会去注意太多的修饰，也不太喜欢用些感情色彩比较浓烈的词汇，甚至连成语也很少用，基本上都像是白开水之类的大白话。所以，或许会给人有一些平淡无奇的感觉，但对我来说，这里面的每一个字，都是我真实的体验和真情的流露。

其实，在平时的写作和修改文稿的整个过程，也是加深对一些问题的思考和不断学习的一个过程。还有一个重要的方面，就是我结识了更多的朋友，在他们身上，我学到了很多，并加深了彼此之间的情谊。在我平时的写作和本集文稿的修改及出版过程中，有很多亲朋好友给予了许多有益的指导和很大的帮助。

浙江省省委统战部原副部长、浙江省社会主义学院原书记蒋学基是我高中时的同桌，读书的时候，他就是我们班上的"文胆"，在文学方面有着较深的造诣。他不但对我的文稿提出了很好的修改意见，并为文集作了序言；甬商公共服务平台负责人曹云先生提议并具体安排了文集的出版事宜；宁波市作家协会会员、宁波市委党校的王国安教授可以说是我以笔而会的好朋友，他对我的文稿提出了翔细的修改意见，并对文集的编辑方面做了非常专业的指导；宁波都市报系总编室副主任、资深编辑楼世宇先生为文集中有的文稿做了很好的修改和编辑并给予了发表；张智群、刘家鲁、郭永辉等一些我的老同学，还有周慰、张世国、胥莉莉等几位老同事以及我的姐姐和外甥女等对我的文稿提出了许多有益的修改意见，并帮助校对；原任象山县美术家协会主席的刘家鲁同学还为文集画了封面画。正是由于他们给予的鼓励、支持和帮助，才使得这本文集能够得以出版。

为此，我要向对我平时的写作和在这本文集的修改、编辑及出版过程中给予过支持和帮助的各位亲朋好友表示深切的感谢！

何建平

2019年5月